青少年课外体育健身一本通

qingshaonian kewai tiyu jianshen yibentong

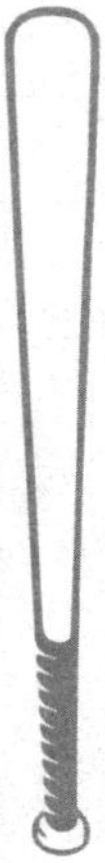

QINGSHAONIAN KEWAI TIYU JIANSHEN YIBENTONG

吕宜昌◎编著

中国出版集团
现代出版社

图书在版编目（CIP）数据

青少年课外体育健身一本通 / 吕宜昌编著. — 北京：现代出版社，2011.9（2025 年 1 月重印）
ISBN 978 - 7 - 5143 - 0294 - 3

Ⅰ. ①青… Ⅱ. ①吕… Ⅲ. ①体育锻炼 - 青年读物 ②体育锻炼 - 少年读物 Ⅳ. ①G806 - 49

中国版本图书馆 CIP 数据核字（2011）第 147812 号

青少年课外体育健身一本通

编　　著	吕宜昌
责任编辑	杨学庆
出版发行	现代出版社
地　　址	北京市安定门外安华里 504 号
邮政编码	100011
电　　话	010 - 64267325　010 - 64245264（兼传真）
网　　址	www. 1980xd. com
电子信箱	xiandai@ vip. sina. com
印　　刷	三河市人民印务有限公司
开　　本	710mm × 1000mm　1/16
印　　张	13
版　　次	2012 年 3 月第 1 版　2025 年 1 月第 9 次印刷
书　　号	ISBN 978 - 7 - 5143 - 0294 - 3
定　　价	49. 80 元

前 言

“青少年”一词传达着一种运动的气息，“青少年”这个群体应该是健康而充满朝气的。然而，现在的青少年总体上身体素质不容乐观，肥胖、驼背、视力下降、神经衰弱等诸多问题严重影响他们的健康成长。

再加上环境污染，各种有害物质和病毒、细菌的侵扰，人类的生存环境不断恶化，青少年就像一株株正在成长的幼苗，对环境的适应能力和对各种疾病的抵抗能力比较差，其健康状况令人堪忧。

“少年强则中国强”，青少年作为国家的栋梁，更应该具备良好的身体素质。我国政府一直重视青少年身体健康，2006 年 5 月中共中央国务院下发《关于加强青少年体育、增强青少年体质的意见》，并在全国广泛开展“全国亿万学生阳光体育运动”，鼓励学生走向操场、走进大自然、走到阳光下，形成青少年体育锻炼的热潮。

经常参加体育锻炼，能促进人体新陈代谢，加速血液循环，使各器官、系统能够获得充足的营养物质，改善和提高整个人体的机能和抵抗能力。医生常说，体育锻炼作为防治疾病的手段，是任何药物都无法代替的。身体弱、抵抗力差的青少年，遇到气温剧烈变化时，容易感染疾病。如果经常参加体育锻炼，经受各种气温的刺激，中枢神经对体温的调节机能就会提高。尤其是在冬季，更能有效地改善心脏、血管系统的机能，提高身体对寒冷刺激的适应能力。

青少年加强体育锻炼不仅可以增强体质，还有助于培养青少年健康的心理。体育运动对于加强爱国主义和集体主义教育、磨炼意志、培养良好品德有重要作用，是促进青少年全面发展的重要方式，对青少年思想品德、智力发育、审美素养的形成都有不可替代的作用。

同时，参加体育锻炼也还可以促进青少年学习成绩的提高。

本书从不同角度入手，介绍了体育健身的相关知识，其中包括体育健身常识、锻炼项目选择、运动时间以及运动量的掌握等，还有一些急救常识和防护措施的相关知识，希望可以给青少年以一定的指导。

目 录

Contents

常识与注意事项

运动中常见情况及处理措施

各类具有针对性的锻炼处方

附　录

体育运动好处多

TIYUYUNDONGHAOCHUDUO

想长高多锻炼

青少年时期是参加体育锻炼的“黄金期”，而且这个阶段正是孩子们长身体的时候，身高和体重都会呈现出快速增长的趋势，所以这个时期的体育锻炼必不可少。有资料表明，经常进行体育锻炼的青少年比不爱活动者，身高平均增高 4 ~ 9 厘米。

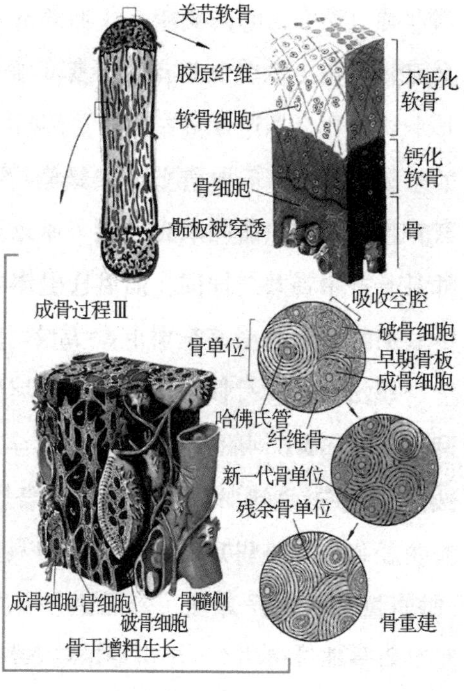

骨骼成长图

众多研究表明，体育锻炼在一定程度上对增进身高有着良好的作用，其主要原因是：

一是体育锻炼可以加快自身血液循环，使新陈代谢旺盛，改善肌肉和骨骼系统的营养。骨骼的生长发育需要不断地吸收蛋白质和无机盐（特别是钙和磷），人体必须有足够的维生素才能使钙和磷得到很好的吸收。户外活动时，日光中的紫外线，可以使皮肤中的一种物质（麦角固醇）转化成维生素 D，促进钙和磷的吸收，可预防和治疗佝偻病。而且经常锻炼，会使肌纤维变粗，肌肉血液供应好，毛细血管增多，促使肌肉强壮。

二是适量的锻炼可以增加对骨端骺板的刺激，长骨两端的骨骺软骨就会经常地挤压和摩擦，加速骨细胞的增殖，从而促进骨骼的增长。

三是体育锻炼还有调节神经和内分泌的功能，刺激脑垂体分泌生长素，增加血液中雄性激素的浓度。

一般认为对长高最有效的锻炼项目，是弹跳、自由体操、单杠、吊环、篮球这几项运动。根据对骨结构和生长规律的作用，体育运动大体可分以下三类。

第一类：弹跳、跑步和下肢运动。弹跳包括跳绳、跳橡皮筋、蛙跳、纵跳、跳高及伸手摸高，还可进行上下楼梯、爬山、踢毽子及滑冰、滑雪等。通过这类运动，增强下肢承受重力和其他方向压力的作用，使骨骺软骨在运动中不断受到挤压和摩擦的刺激，强化骨细胞，使其不断地分裂、吸收、骨化，加速骨骼生长。

第二类：伸展运动。如徒手操、韵健操、健美操、自由体操、单杠引体向上、踢腿、压腿及游泳等。通过这类运动使关节充分伸展，肌肉、韧带拉长并增强其柔韧性。如单杠引体向上可以拉伸脊柱，促进脊椎骨的生长，游泳可以使全身各部分得到舒展和锻炼，均有利于长高。

第三类：全身性运动。如各种球类运动（篮球、乒乓球、羽毛球、排球等）、游泳、划船、舞蹈等。全身运动能使血液循环加快、新陈代谢旺盛、生长素分泌增多，提高食欲与改善睡眠，增强体质。

下面介绍一些增高的运动处方以供参考：

1. 慢跑 5 ~7 分钟。

2. 柔韧和放松练习——劈腿、摆动、抖动 18 ~20 分钟。

3. 单杠悬垂——尽量放松身体，两组不带负荷（每组 20 秒钟），一组

带5～10千克负荷（重物系在腿上）。

4. 头朝下悬垂（双脚用皮带固定），两组不带负荷（每组15秒），一组带5～10千克负荷。

5. 纵跳、摸高跳（树枝、篮球板、天花板等）。双腿跳、单腿跳各两组，每组10次。每组间歇5～8秒，换腿时间歇4～5秒。要全力起跳，尽量跳得高些。

6. 伸拉躯干。请同伴帮助，一人抓住双手，一人抓住双腿，两人同时向反方向轻轻伸拉你的躯干，连续2～3次，每次15～20秒钟。

当下，各类营养品充斥大街小巷，有的家长不惜血本为孩子买各类“补品”，希望孩子能够及时补充各种营养。其实，这并不是一个明智的选择，俗话说“是药三分毒”，无论是什么原料成分，都是经过化学手段加工的，在补充营养的同时，也吃进了毒素。加拿大斯图尔特·豪斯顿博士说：“每天进行运动比每天喝牛奶对健康更为重要。”所以，体育锻炼是青少年成长过程中必不可少的。

当然，青少年的发育有早有晚，如果在同龄人中身材比较矮小，没关系，多参加体育锻炼，多晒太阳，会有助于长高。但是，这绝对不能急功近利，合理地安排好锻炼时间、强度，科学地进行体育锻炼，才能健康地成长。

呼吸舒畅身体好

呼吸是指机体与外界环境之间气体交换的过程。人的肺脏约由7.5亿个肺泡组成，是呼吸的主要器官。人体是不断地从自然界吸进新鲜空气中的氧气，同时又不断地把组织、细胞新陈代谢所产生的二氧化碳呼出体外，这种吸氧排碳的过程，称之为呼吸。

一般我们在安静时，肺泡大约只有总数的1/7参与气体交换，而激烈的中长跑，会促使绝大部分的肺泡参加气体交换。在体育运动时，肺泡通过红血球的协作，要迅速抓住空气中的氧气，同时放出二氧化碳，肺泡必须

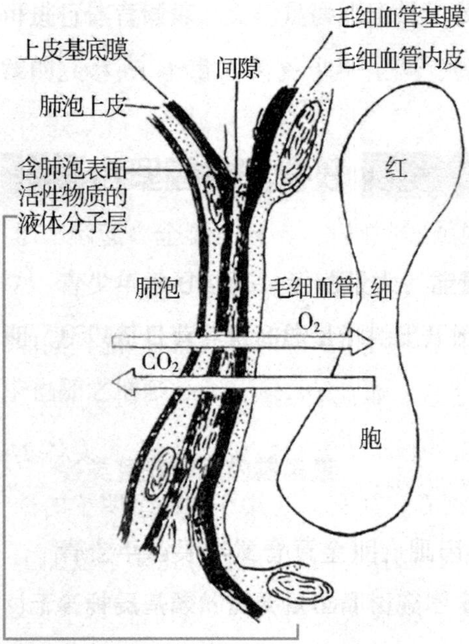

气体在肺部的交换

积极地进行气体交换以保证肌肉的需要。常期进行体育锻炼的人，就会提高肺泡的气体交换能力，减少呼吸次数。由于呼吸器官功能提高，肺内气体交换充分，血液含氧量增多，能量物质的氧化过程完善，从而促进了全身新陈代谢，使人体精力旺盛。而不经常参加锻炼的人，其体内大部分肺泡被长期搁置，得不到锻炼，久而久之呼吸功能就会自然减退。

在健身运动中，许多人总是强调练习次数、练习强度、手脚动作等，却忽视了呼吸的形式和节奏。其实，合理的呼吸方式和节奏是正确掌握健身技术的关键。掌握合理的呼吸节奏有利于充分发挥人体机能，有利于提高呼吸机能，从而提高运动效果。因此，在运动中应根据不同的活动方式、不同的动作结构和技术要求，采取相应的合理的呼吸方法，以增加肺通气量，减少氧债，加强代谢能力，推迟疲劳的出现。

不同的运动与呼吸相结合的形式

1. 在跑步、骑自行车等周期性锻炼时，呼吸方法要求有高度的节奏配合。从起跑开始注意呼吸，以减少氧债，推迟极点的产生。实践证明，两步一吸，两步一呼的呼吸节奏既能快速吸入所需要的氧气，又能保持必要的呼吸深度。一步一吸，一步一呼，呼吸频率较快，易造成呼吸肌疲劳。三步一吸，三步一呼，过于缓慢，不利于保持体力。出现极点时，呼吸频率加快，但呼吸较浅，这时人们往往只注意吸气，却忽视了呼气。应当缓慢均匀地深吸气，深长有力地呼气，减少呼吸次数，尽量多地排出废气。

2. 在做力量练习中，发展肌肉的很多动作也属于周期性动作结构。不论是否使用器械，都应重视呼吸与动作的配合。例如，在做仰卧起坐时，如果机械地在仰卧时完成整个吸气过程，则不利于动作完成。应该在向后仰卧时开始吸气，肩背部触垫的瞬间屏气收腹，上体抬起至腹部有胀感时快速呼气；深蹲练习时，下蹲时吸气，站起成准备姿势时呼气。总之，在运动中正确的呼吸方法是：用力时吸气，肌肉放松或还原时呼气；吸气时用鼻，呼气时用嘴；呼吸要自然彻底，不能时快时慢、时续时停，吸气要充分，呼气应将气尽量呼出。在持器械练习时，放下器械时吸气；举起器械时呼气。

3. 在进行形体练习和跳健身操时，呼吸与动作一般是这样配合的：展体，向上举臂、踢腿时吸气；下蹲，体前屈，臂或腿下落时呼气；腿由屈缓缓伸直时均匀地呼气；做平衡动作时有短暂的屏气，或是极浅表的呼吸；做跳步时，起跳的瞬间猛地吸气，紧接着屏气，做很有力的动作和落地站稳时需要屏气，同时关闭声门，加大腹压，似欲呼而又呼不出去。在完成两臂前屈、外旋、扩胸、提肩、展体或反弓动作时，采用吸气较好；在完成两臂后伸、内收、内旋、含胸、塌肩、屈体或团身时，采取呼气较好。在做胸廓相对固定的动作时，多以腹式呼吸为主；在做腹肌相对紧张的动作时，常侧重于胸式呼吸。

4. 瑜伽练习中的呼吸：瑜伽练习非常关注动作与呼吸的配合，呼吸方法的正确与否与它带给身心的损益有直接影响。最基本的呼吸方法有三种：胸式呼吸、腹式呼吸、胸腹式呼吸。呼吸时要注意：①意识集中到一呼一吸上；②只有在特殊情况下才用口腔参与呼吸，一般只由鼻腔参与活动，因为鼻腔对灰尘和细菌的防御措施较为完备；③每一次吸气时，犹如在品尝空气一般，缓慢而深长地吸入；④每一次呼气时，犹如蚕吐丝一般，细而悠长，意识中要将体内的浊气统统排出。

呼吸练习的方法

1. 在准备活动中配合呼吸。体育运动前的准备活动多以跑、跳、游戏和专门练习为主，这些活动多是周期性运动，应按照周期性运动的呼吸方法进行。

2. 在动作中配合呼吸。体育运动由单个动作和成套动作组成。在单个动作时，应放慢动作速度，以动作与呼吸配合的技巧，掌握呼吸变化；在成套动作中，应先弄清各个动作连接处的变化及其与呼吸的配合，再进行动作。必要时可以放慢动作连接处的速度，然后随技术的掌握逐渐提高动作速度，最终达到呼吸与动作配合的自动化。

3. 在整理活动中配合呼吸。在剧烈的力量训练之后，心脏和血液循环系统的工作活性会逐渐下降，肌体需要一定的时间才能恢复正常。因此，这时的呼吸应以缓慢舒长为主。负荷较大的训练课后，牵拉练习是主要的方式，牵拉时深吸一口气，保持牵拉姿势时慢慢呼气。

增强心动力的好方法

心脏是人类的供血器官，也是人体的“发动机”，我们的人体肢能动作，都是通过心脏“发动”出的。它的作用是推动血液流动，向器官、组织提供充足的血流量，以供应氧和各种营养物质，并带走代谢的终产物（如二氧化碳、尿素和尿酸等），使细胞维持正常的代谢和功能。

心脏的工作效率取决于心肌的收缩是否充分、有力，而运动正好可以增大心肌力量；心脏自身营养物质的供给来源于被我们称为“冠状动脉”的血管，运动也可以增大冠血流量，改善心脏营养不足的窘况。参加体育锻炼，还能够增加心脏的负担，促进它快速而有力地工作；反过来讲，心脏机能的提高，也会使我们运动能力得到发展。长期坚持体育锻炼，心肌得到锻炼，心房、心室的壁不断增厚，心脏容量加大，血管弹性提高，造血器官的功能也得到了加强。这样使身体循环系统具有了更大的运动潜力。如：一般人心脏容量大约为 765 ~ 785 毫升，而运动员可达 1015 ~ 1027 毫升；一般人的脉搏大约在 70 ~ 80 次/分，而运动员则是 40 ~ 50 次/分。

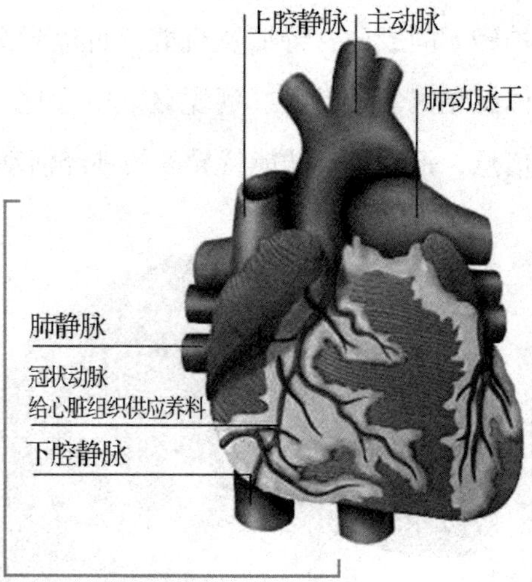

心脏结构图

运动有千般好，也是一把双刃剑，大量科学研究证实，过度的运动负荷可引起心肌病理性肥大，舒缩功能下降，毛细血管密度降低，心肌缺血缺氧。例如美国著名体育科普作家詹姆斯·富勒·菲克斯和排球女星海曼均是在运动过程中出现意外的。所以在运动时一定要注意运动量，一般来讲，在运动过后，感觉身体舒适，没有不适，就是合适运动量。还有两个比较简单的方法，一是在运动中达到的最高心跳数，一般来讲是175减年龄，不超过这个数，运动量就没有超；第二个办法就是运动停下来以后，10分钟以内心跳要回到运动以前的基础水平，这就表示这一次运动的量是合适的。

那么什么运动是有利于心脏健康的呢？

科学家通过研究表明，最有益心脏健康的运动有如下3类：A类运动包括骑自行车、跳绳、游泳、有氧操、划船、快走、慢跑、爬山、滑雪等，对心脏健康最有促进作用；B类运动包括篮球、足球、排球、软体操等，对心脏健康的促进作用略逊一筹；C类运动为轻度促进心脏健康的运动，但如果能每天坚持也很好，包括羽毛球、慢走等。

增强大脑支配力

人体的大脑由大脑皮层和基底核组成。大脑皮质是调节人体活动的最高级中枢，上面密密麻麻地分布着大约120亿个神经细胞，在这些神经细胞的周围还有1000多亿个胶质细胞。大脑皮层是神经元胞体集中的的地方，是构成大脑两半球沟回的表层灰质。人的大脑皮层分为6个层次。根据各层神经元的成分、特征及机能，可以划分出许多区域。从机能上可以分为躯体感觉区、运动区、视觉区、听觉区、联合区，它们都收受多通道的感觉信息，汇通各个功能特异区的神经活动。

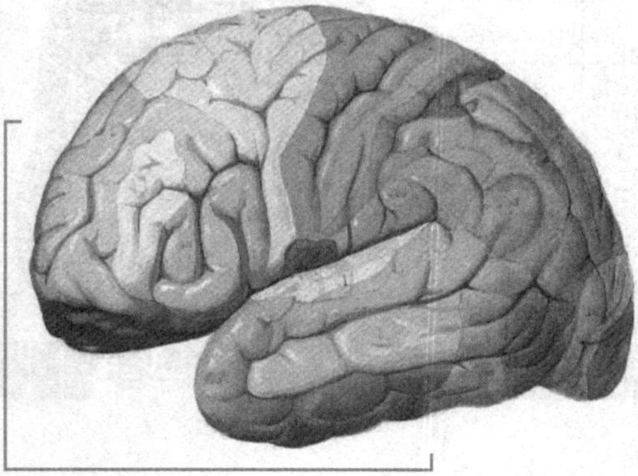
大脑皮层

青少年正处在身体发育期，而且也正是用脑的高峰期。因此要注重大脑的开发，除了补充大脑发育所需要的营养外，多参加体育运动，也是很有益处的：经常参加体育锻炼，可提高大脑神经系统的灵活性、协调性和反应能力。

在运动时，随着动作的速度、强度、节奏变化，大量的肌肉、关节活动的向心冲动传给大脑，产生感觉。这种感觉对大脑的刺激不同于视觉、听觉的刺激。人体运动时参与活动的肌肉不是一块、两块，而是附着在运动关节上的多个肌群（包括主动肌、对抗肌、协同肌等）连续不断地工作，且动作复杂多变，许多动作是在短时间内甚至一瞬间完成的，要求一定的数量、强度。因此，肌肉活动产生的本体感觉的冲动对大脑皮层细胞的刺激强度大，动员工作的神经细胞多。同时，大脑还要通过中枢神经向身体各部位发出指令，包括内脏器官、心血管、呼吸、内分泌等各器官系统的全面动员和协调配合，使身体位觉、平衡感觉、内脏感觉、皮肤触压感觉等大量的感觉刺激传给大脑，这一切都有利于提高大脑皮层细胞活动的强度、灵活性、均衡性和分析综合能力，使整个大脑神经系统的功能得到加强。而且在运动中，视觉、听觉也非常重要，同样参与了工作。相比之下，单独通过视觉、听觉对大脑传入的冲动，从数量上、强度上对机体其他系统的影响上都远不如运动时引起的感觉明显。

此外，体育运动能够提高脑组织内那些与记忆力、注意力等认知功能有关的化学物质水平，从而提升认知功能，让你的大脑更灵活。而且运动时也需要用脑思考，促进大脑的指挥能力。如跳舞不仅要舞动身躯，还要注入情绪，一个眼神、一个表情都要经过设计；再比如投镖运动，大脑右半球需将左半球制定的技能、策略整合成一体，使眼、心、手协调一致。长此以往大脑便在运动中提高了自己的控制、指挥能力。所以说体育运动对开发智力是非常必要的，是任何其他方法所不能替代的，是使孩子得到全面发展、充分发展的必要条件。事实也说明，经常参加体育锻炼的孩子聪明活泼、精力充沛、反应敏捷、思维活跃。

享受超越自己的成就感

人的意志品质发展水平的反映，主要表现为自觉性、果断性、自制力和坚持性等，其各方面在一个人的身上往往互相渗透。培养青少年良好的意志品质，就是要培养其行动的自觉性、果断性，增强自制力，使其具有充沛的精力，具有克服困难完成活动的坚强毅力，克服消极的心理品质，如独断性、优柔寡断、武断、任性、自我压抑等等。

体育运动的娱乐性、趣味性、竞争性，使青少年参加体育锻炼成为一种自觉的行为。体育运动本身是有章可循的，是具有一定约束力的活动，不管是在比赛中，还是在日常的锻炼中，都有一定的规则，参与者必须自觉地遵守这些规则，不能想干什么就干什么。这对培养青少年遵守社会生活规范起到一个强化作用。在体育活动中认识一个人，了解一个人并成为好朋友比较容易。而且，在体育活动中交往的气氛往往比较融洽，这是其他场合所不能比拟的。

青少年活泼好动，缺乏自制力，在生活和学习中表现为组织纪律性不强，自由散漫，易受社会上一些不良风气的影响，意气用事等。体育运动具有一定的活动规律，参与者不得不根据运动规则来约束自己的行为。大多数体育运动是集体项目，作为集体运动中的一员，参与者更要自制，使自己的行动符合集体的行动目的，而且这种自制是发自内心的，是有一种获胜的愿望在做动力。因此，经常参加集体活动项目有助于青少年自制力的提高。

长跑可以说是对人的意志最残酷的挑战与考验。长跑途中，体力大量消耗、呼吸困难、口干舌燥、腿如灌铅、酸疼难忍时，是继续跑下去，还是向困难低头，的确需要看这个人意志是否坚强；当你制定了一个锻炼计划，不管是寒冬腊月，还是酷暑炎夏，能够坚持下来，也要靠自己坚定的意志。因此，参加体育锻炼，对于磨炼一个人的意志，对于培养意志品质的坚持性具有特殊的意义。

体育运动本身就在具有游戏性的同时还具有竞争性，所以它容易使人兴奋，从而可以推动人、引导人成为兴趣的中心。因而使青少年在运动中更加具有主动性，就会产生战胜他人、渴望胜利的欲望和追求积极向上的自觉意识；同时在运动中，肢体活动带来的身体愉悦的感受和比赛的趣味性，使兴趣越来越浓，并转为对运动稳定的兴趣和动机，使参加体育运动成为一种习惯并从中得到乐趣。如攀岩原来属于成年人的一项冒险运动，然而现在，越来越多的青少年也开始迷恋上攀岩，有些中小学还特别开设了攀岩课，由攀岩高手担任教练。据资料显示，中国目前至少有400余所学校的17万名中小学生正在接受正规的攀岩训练，并由此培养勇敢、顽强、坚毅等品质以及集体主义精神。此外，攀岩还有助于培养机智灵活、沉着果断、谦虚谨慎等意志品质，使学生保持积极健康向上的心理状态。

在运动中随着运动技能的不断提高、发展，体力的日益增强，使青少年更有与人比高低、争胜负的勇气和信心，自信心得到最好的体现。这对于青少年心理品质的培养起到了不可忽视的作用。因为运动中胜负交替频繁，情绪变化比其他活动更显著，如战胜对手、取得胜利的兴奋和喜悦，失败的沮丧、懊恼，不服输的挑战勇气，训练中各种困难的克服、痛苦的磨炼、挫折感的体验等等，都使心理品质得到较好的培养。据调查资料显示，经常从事体育锻炼的孩子，心理的承受能力和成熟度都高于同龄人。由于体育运动对心理品质的特殊锻炼，使孩子心理承受力增强，这样也就更易承受人生其他方面的压力。

释放心理压力

有些青少年，由于种种原因，可能存在一些心理缺陷。如时常感到孤独寂寞，腼腆胆怯，在公共场合不敢发表意见等，这时的体育锻炼就显得尤为重要了。体育运动可以帮助青少年摆脱心理压力，增强自信心。体育心理学研究证明，参加体育锻炼需要较高的自我控制能力、勇敢果断的意志和坚韧刚毅的性格等心理素质做基础。因此，有针对性地进行体育锻炼，是纠正心理缺陷、培养健全人格的有效方法。

孤独怪僻

假如你觉得自己不大合群，不习惯与人交往，可以选择足球、篮球、排球以及拔河等集体项目。坚持参加这些集体项目的锻炼，会帮助你慢慢地改变孤僻的习性，逐步适应与同伴的交往，并热爱集体。

腼腆胆怯

如果你感到胆子小，做事唯唯诺诺，容易脸红，难为情，那你应多参加游泳、溜冰、滑雪、单双杠、跳马等项目活动。这些活动可以帮助你不断地克服胆怯心理，以勇敢无畏的精神去战胜困难，跨越障碍。久而久之，你就会自信地站在众人面前，高谈阔论了。

优柔寡断

如果你觉得自己处理事情不果断，时常犹豫不决，那就多参加乒乓球、网球、羽毛球、跳高、跳远等体育活动。在这些项目前，任何犹豫、徘徊都将贻误良机、遭到失败，久练能帮助你增强果断的个性。

急躁易怒

倘若你发现自己遇事容易急躁，感情容易冲动，应多参加下棋、打太极拳、慢跑、长距离的步行、游泳、骑自行车等缓慢，持久的活动。这些体育活动能帮助你调节神经活动，增强自我控制能力，稳定情绪。

遇事紧张

假使你感到自己遇到重要的事情就容易紧张导致发挥失常，那就应该多参加公开的、激烈的体育比赛，特别是足球、篮球、排球等项目。因为场上形势多变，比赛紧张激烈，只有冷静沉着地对付，才能取得优势。若能经常在这种激烈的场合中接受考验，“久经沙场”，遇事就不会惊慌失措，做事就会沉着冷静了。

总而言之，体育锻炼对于改善心理缺陷是有很大好处的，但是它作为心理纠正训练，要达到心理转化的目的，必须要有一定的强度、质量和时间的保障。每次锻炼时间在 30 分钟左右，运动量从小到大，循序渐进，三个月为一周期，约进行两个周期。同时要注意保护自己，以免造成运动意外事故。

劳逸结合身心健康

邓小平在《关于科学和教育工作的几点意见》中指出：“搞好劳逸结合，不仅不会降低而且有助于提高教学质量。”列宁也曾经说过：“休息是为了更好的工作。”

青少年正处在一个学习紧张的阶段，尤其是在复习阶段，不分昼夜地苦读，强制自己在疲劳的情况下坚持学习，经常会出现颈、臂、背、肩与手指的酸痛不适和学习效率下降。同时，还会感受到有一种强烈的疲倦感。

主要表现为全身疲惫，关节僵硬，肌肉酸痛，注意力不集中，记忆力和思考效率下降，大脑反应迟钝等。这时容易产生厌学情绪，身体各个机体得不到时间修复，久而久之，身体的免疫力和抵抗力都会下降。

这就需要青少年在学习的同时也要注意休息，休息可以分为安静休息、活动休息和交替休息。安静休息是指睡眠和闭目养神，让大脑暂时停止工作，得到休息；活动休息也称积极性休息，可以通过参加体育锻炼来达到，如散步、打球或轻微的体力劳动等，也可以与他人聊天；交替式休息是指将各种不同性质的学科交叉在一起来学习，如文、理穿插复习，这样，大脑皮层的神经细胞不仅不会疲劳，而且还会有相互促进的作用。

参加体育活动，不仅可以使大脑得到休息空间，还可以增强体质。下面介绍几种简单的活动：

1. 单侧体操法

由于人脑左右两半球在功能上显著不同，在学习时，一般左半球的生理负荷要比右半球重。科学研究证明，单侧的体操锻炼可以消除对侧半球的疲劳。具体方法如下：①站立并目视前方，右手紧握拳，右腕用力，屈臂，慢慢上举到最大限度，还原，重复8次；②右腿伸直上举，然后倒向右侧，但不能落地，还原，重复8次；③右臂向右侧平举后再上举，头不能动，然后左臂上举，平举还原，重复8次；④翘起脚尖，像俯卧撑那样用腕和脚尖支撑重复8次。

2. 消除疲劳操

由于在学习过程中最普遍的姿势是坐姿，由于身体前倾，呼吸肤浅，肺活量减少，物质代谢功能也随之下降，从而形成疲劳。青少年如果做一下疲劳防治操，则可以在短时间内消除疲劳。具体方法：①做些挺胸直背的动作，同时用手臂绕圈；②身体后屈，伸腿、臂，伸直用力摆几次；③慢慢地做几次头绕圈的动作，然后轻轻按摩颈肌、肩胛肌；④深吸气，然后慢慢地呼气；⑤两手臂下垂，做几次手的动作，松紧手指，两手腕放松抖动；⑥离开座位，走动走动。

3. 呼吸一下新鲜空气

由于学习总是在一个固定的空间内，空气流动性差，长时间停留在这样的空间，会降低大脑反应速度，也容易产生疲劳感。所以在学习了一段时间后，一定要出去走走，呼吸一下新鲜的空气，这样不仅可以使大脑得到休息，还可以及时补充氧气。散步、慢跑等简单的有氧运动是不错的选择，建议大家不要参加剧烈的运动，尤其是在课间，剧烈的运动会产生肌肉酸痛，不利于接下来的学习。

改善情绪状态

情绪状态是衡量体育锻炼对心理健康影响的最主要的指标。人生活在错综复杂的社会中，经常会产生忧愁、紧张、压抑等情绪反应，青少年经常因名目繁多的考试、相互之间的竞争以及对未来的担忧而产生持续的焦虑反应。据最新研究显示：一个人的成功，只有20%归诸IQ（智商）的高低，而80%取决于EQ（情商）。姑且不论其结果的正确与否，我们起码可以得出这样一个结论：工作效率的高低，学生学习效果的优劣，其情感取向发挥着重要作用。体育锻炼中的情感体验强烈而又深刻。不管是在大众体育活动和中小学的体育课上，还是在有竞争的运动会中，成功与失败、进取与挫折共存，欢乐与痛苦、忧伤与憧憬相互交织；同时人的情感表现也相互感染，融合在一起，可以转移个体不愉快的意识、情绪和行为。这种丰富的情感体验刺激，有利于人的情感的成熟，有利于情感自我调节能力的积极发展。

在现实生活中，人们也可以通过体育锻炼改善和调节自己的情感状态。最好的例子就是南非前总统纳尔逊·曼德拉，他从年青时就开始醉心于体育运动，甚至在监狱中也坚持体育锻炼。他在自传《漫漫自由路》中写道：“我从来相信，人的体育锻炼不但对身体健康起着关键的作用，而且还能使我的心情平静下来。从前，有好多次我烦恼的时候，就跑到健身房对着拳击沙袋一通猛打，免得冲着同事，甚至是警察发火。”

青少年，身体健康才会朝气蓬勃，心情开朗，精神振奋；疲劳、睡眠不足和疾病，就容易产生不良心境。在所有情绪自我调节技术中，体育锻炼，尤其是有氧锻炼可能是最令人满意的一种。这里的“锻炼”，是指诸如跑步、快走、游泳等一些可长期坚持的活动，不包括做家务之类的日常活动。由于体育锻炼能使心跳加快，血液循环加快，改善身体对氧气的利用，故每周坚持3~5次、每次30分钟左右的锻炼，定能使你精力充沛，精神饱满。

科学的体育锻炼

KEXUEDETIYUDUANLIAN

制定锻炼原则

青少年是人一生中身体发育最重要的时期，因此此时的体育锻炼显得尤为重要。青少年在进行体育锻炼的时候，一定要注意制定科学的健身方案，坚持科学的锻炼原则。

调节好锻炼时的情绪

在进行体育锻炼之前一定要明确锻炼的目的和意义。动机和目的必须从实际出发，脱离实际、好高骛远、违背健身锻炼的规律，其目的既不能实现，也不符合原来的动机。同时要讲究锻炼的科学性和兴趣性，调动锻炼的自觉性和积极性，从而在锻炼过程中，使自己处于良好的兴奋情绪中。当青少年对健身锻炼产生兴趣时，他们总是积极主动地去锻炼身体，并以此为乐。因而，在人体生理机能上也发生良性变化，如人体内的血糖上升，肌力增加和情绪饱满。从教育学角度看，兴趣可以引起人们全神贯注地从事健身锻炼。

坚持全面锻炼

体育锻炼的目的，是促进身体的骨骼、肌肉及身体内脏器官的生长发育，发展匀称丰满的体型。人体是由大脑皮层统一调节、支配身体活动的有机统一整体，体质的好坏应反映在多方面，而各个方面是相互联系互为影响的。某一方面的锻炼与发展对其他方面会有影响，但又不能完全代替其他方面的锻炼，如用长跑增强心肺功能和发展全身耐力效果是明显的，但对全身尤其是上肢和躯干力量以及全身肌肉的协调发展，光靠长跑是不够的，需要采用力量性的项目锻炼，如举重、器械或体操等项目。只有坚持身体全面锻炼，才能达到这一目的。有些青少年在进行力量训练的时候，只注重局部力量的练习，如只练上肢不练下肢，只练胸部不练背部，这样锻炼的结果只能使身体比例失调。只有进行全身的锻炼，才能使身体各部分比例匀称、健壮而优美。体育锻炼过程中，不但要注意身体各部位的协调发展，同时也要发展力量、速度、耐力、柔韧、灵敏、平衡等各项身体素质，提高生活劳动所必需的跑、跳、投掷、攀登和游泳等实用技能。在锻炼中培养果断、机敏 、勤奋、吃苦耐劳、大胆沉着的意志品质，起到健身、强身、养身的功效。

坚持经常锻炼

人体的生理规律是“用则进废则退”。就是说，只有坚持经常锻炼才能促进机能的发展，改善体型，达到锻炼的目的。如果违反其规律，心血来潮时锻炼一阵子，一懒就几天不练，这样，在不锻炼的情况下，身体消耗减少，过剩的营养就会转变为脂肪堆积起来，内脏器官的机能也相应减退，不仅不能保持锻炼的结果，而且会使身体发胖，体能下降。

贯彻坚持经常原则，应注意以下几点：

1. 每周体育锻炼的次数

在每天生活当中，有规律地坚持健身锻炼是最理想的了。每周的体育锻炼应尽量不少于 1 ~2 次，而争取每一两天进行一次为最好。当然每一次健身锻炼的运动负荷也不能太大。对于经常从事健身锻炼的人，最好是上次锻炼的疲劳与肌肉酸痛，在下一次锻炼前已基本消除，感觉身体比较舒适，而不要让疲劳积累和肌肉的酸痛感持续不能消除。为此，即使每天锻炼，每次健身锻炼的运动负荷也应根据实际情况，适当加以调整。

2. 把体育锻炼纳入作息制度中，使之成为每天生活内容的组成部分

形成体育锻炼的习惯后，体育锻炼也比较容易坚持。一般在起床后做早操，这一方面是由于早晨的室外空气较好，另一方面是通过早操，使人的有机体从晚上睡眠后的中枢神经系统基本处于抑制、全身处于基础代谢的状态，过渡到整个身体机能活动得到提高的状态，以迎接新的一天。每天睡眠前，有几分钟的放松练习或轻微活动，对消除全天的疲劳和健身很有意义。养成洗脸洗脚这些生活习惯，也对身体极有好处，因为这些活动对促进血液循环，调节人体机能活动有积极意义。

3. 有意识在日常生活中进行体力活动，以弥补健身锻炼的不足

青少年实施体育健身重要的原则是不要剥夺了自己能够活动身体的一切机会，把各种极平常的日常生活的琐事作为自己有意识锻炼身体的内容，如走路注意不要驼背，稍收点腹；上楼速度稍快些；能自己干的活就不请求别人帮助；可站就不要坐、可坐就不要躺等等。总之，一切在于自己的想法和做法，只要稍微改变一下日常生活习惯，就可能使自己成为一个比较活跃的人。这样便不难保持正常的体态，使身体各系统的功能正常发挥，而且可以防止和推迟身体的衰退。

坚持循序渐进的原则

体育锻炼可以促进人体的生长发育，改善体型，但身体由弱变强必定有一个过程，急于求成是办不到的。因此应当坚持循序渐进的锻炼原则，根据自己的体质、体态条件，制订一个切实可行的锻炼计划。锻炼时要做到：由慢到快，由小负荷到大负荷，由短距离到长距离，内容由少到多，切不可急功近利。

循序渐进原则的“序”是指体育锻炼的内容、方法和运动负荷的安排与加大应安排好顺序，并按合理的顺序逐步提高。通常体育锻炼的内容与

方法确定后，变化较多的是运动负荷的安排。进行合理地健身锻炼，人体会产生“一时性适应”，对身体产生良好的影响。但运动负荷的强度过小或时间过短，就不会引起反应；若负荷超过了身体的适应能力，也会对身体健康不利，甚至使身体陷入伤病的危险状态。

贯彻循序渐进原则的几点要求：

1. 体育锻炼的循序渐进应包括健身锻炼的内容、方法、每次锻炼的运动负荷和每周锻炼的次数等，其中内容与方法基本确定后，主要是运动负荷的掌握与提高问题。运动负荷测定的方法有两种：第一种是以健身锻炼内容（项目）的运动成绩作为衡量的尺度。第二种是直接测定在进行体育锻炼时人体机能状态，如测定心率。

2. 体育锻炼不同于运动训练，其内容与方法的选择和运动负荷的安排，灵活性和可选择性比较大，在系统性的要求上也不必追求达到或接近极限运动负荷，而且现代体育科学研究证明，采用有氧代谢进行健身锻炼，其健身作用较大。因此，在负荷的提高幅度上不要操之过急。

坚持从实际出发

体育锻炼应该从实际出发，确定体育锻炼的目的、内容、方法和运动负荷。青少年体育健身锻炼的重要原则是因人、因地、因时制宜。脱离实际，健身锻炼的科学性就没有根据。这一原则又可称为“量力性原则”、“可接受性原则”或“适度性原则”。

遵循从实际出发原则，应考虑两个基本因素：

1. 健身锻炼者本人的主观条件。不同性别和不同年龄阶段，以及不同的体育基础，在从事健身锻炼的目的，选择健身锻炼的内容和方法，安排运动负荷等方面应有所区别。青少年的健身锻炼，首先应是促使身体能够正常地生长发育和全面发展，同时还要尽量选择有竞赛性游戏、娱乐性的内容。有无体育基础，这不仅要考虑身体条件，还应考虑有无健身锻炼实践经验与体会，以及对健身锻炼知识掌握的情况，这些对科学地进行健身锻炼都是重要的条件。

2. 外界环境的实际情况。外界环境包括地区、季节、气候的变化，场地器材条件以及环境卫生等。健身锻炼的一个重要目的是使人的有机体适应外界环境，人们常常利用气候的变化来锻炼适应能力和意志品质，提出“夏练三伏，冬练三九”。但也应认识到大自然气候的恶劣变化对人体健康也有不良影响。实践已经证明，在气候条件很差的情况下锻炼身体，会由于人体不适应而对健康产生不良影响，甚至引起疾病。因此从事健身锻炼必须注意外界气候的变化。

体育锻炼项目的选择

体育健身的锻炼项目繁多，各有特色。青少年健身锻炼时，如何选择适合自己这一年龄的体育锻炼项目呢？

1. 要根据青少年的身心特点选择体育项目

青春发育初期，体育锻炼宜选择以灵敏性、协调性和柔韧性为主的活动项目，如原地跑、原地跳、健美操、广播操、乒乓球、武术、跳绳、跳皮筋、踢毽子、压腿、劈叉、“下桥”等练习。青春发育中期，体育锻炼宜选择以速度为主，兼顾青春初期的活动项目，如短距离快跑、变速跑、反复跑、健身跑、跑楼梯、爬绳、爬竿、羽毛球等。青春发育后期，各器官发育日趋成熟并接近成年人，体育锻炼可增加速度耐力、一般耐力和力量练习的项目，如中长跑、登山、游泳、骑自行车、拔河、足球、排球、篮球、哑铃、杠铃、引体向上、铅球、俯卧撑、仰卧起坐、旅游、滑冰、划船等。

2. 根据青少年兴趣和爱好选择锻炼项目

由于每个人所喜爱的体育锻炼项目是不同的，有些人对武术感兴趣，可多选择武术进行锻炼；有些人对健身跑感兴趣，可多选择不同方式的跑步练习；有些人喜爱体操，可多选择体操和健美操练习等。

3. 根据青少年自身的体质状况选择适宜的体育锻炼项目

生长发育正常、身体健康、体质状况良好、有一定锻炼基础的青少年，可以选择运动量较大的一些项目锻炼，如长跑、短跑、踢足球、骑自行车、打篮球等。健康状况不好的人，则应循序渐进地进行医疗性质的体育活动，选择一些运动量较小的锻炼项目，如散步、快步走、慢跑、太极拳、太极剑、健体操、气功等，以达到增强体质和治疗某些慢性疾病的目的。

踢毽子

4. 根据青少年学习和生活选择适宜的锻炼项目

学生由于学习内容多，学业负担较重，经常处于坐位学习，脑力劳动较紧张。因此在学习一定时间后，应参加适宜的体育活动来进行积极性休息，如做课间广播操、眼保健操和积极参加下午的课外活动等，使原来兴奋的那些大脑神经细胞得到完全、充分的休息，有助于提高工作学习的效率和保持健康。

准备活动要充分

在进行体育锻炼前做好充分的体育活动，对于体育锻炼者来说是非常重要的。正如机械在工作前，最好能先热机后再运转，如此对于机械运作顺利及寿命的延长，具有极重要的功效。人体的运动需要全身各个部位多种功能的配合，才能达到运动的目地，犹如机械是由许多零件组合运作而成一样，所以运动前必须做些热身运动，就如同机械要先热机一般。人体在进行剧烈运动时，各器官、系统都处在高度紧张的状态。人体各组织器官要达到这一标准，必须有个调整的过程。如果没有做好充分的准备活动就立即参加激烈的运动，不仅无法发挥最佳水平，还可能导致如肌肉撕裂和关节扭伤等意外事故。

准备活动的意义

首先，能提高肌肉温度，克服肌肉组织的黏滞性，预防运动损伤的发生。体育锻炼前进行一定强度的准备活动，可使肌肉的代谢过程加强，肌肉温度升高，这样既可以使肌肉的黏滞性下降（不发僵），还可以增加肌肉、韧带的伸展性和弹性，减少由于肌肉剧烈收缩造成的运动损伤。

其次，能够提高内脏器官的机能水平，以适应身体运动的需要。内脏器官的机能特点是生理惰性较大，适当的准备活动可在一定程度上提高运动员内脏器官的机能，使正式锻炼一开始时内脏器官的动能就达到较高水平，这样还可以减轻开始运动时由于内脏器官的不适应所造成的不舒服感觉。

最后，可以调节心理状态，提高神经系统兴奋性。体育锻炼前的准备活动可将锻炼者的心理状态调整到体育锻炼的情景中来，同时接通各运动中枢间的神经联系，使大脑皮层处于最佳的兴奋状态，投身于体育锻炼之中，可达到事半功倍的效果。

热身预热先拉伸

热身运动最好从系统的拉伸活动开始。拉伸时要缓慢，避免突然用力，被拉伸的那部分肌肉一定不要用力。拉伸之后，应该做一些一般性的准备活动，如轻微地原地跑跳等，既调动了内脏器官，又让全身的关节得到了预热。

1. 拉伸大腿后部肌肉

坐在地上，把要拉伸的腿在体前伸直，弯曲另一条腿，整条腿的外侧贴近地面，与伸直的腿组成三角形，背部挺直，从胯部尽量向前屈，双手抓住伸直腿的脚尖，保持这个姿势 20 秒 ，手触脚尖时不允许有弹动式动作，触不到脚尖也没关系。

2. 拉伸大腿内侧肌肉

有以下几种方法：第一种，坐姿，双脚脚底相互贴近，膝盖向外撑并尽量靠近地面 ，双手抓住双脚踝，保持这个姿势 10 秒钟，放松，然后重复 3 次；第二种，坐姿，双脚在体前伸直并分开，保持背部和膝盖部挺直，从胯部向前屈体，双手从腿内侧去抓住双腿的脚踝，保持这个姿势，感觉大腿内侧被拉紧，放松，然后重复 。

3. 拉伸小腿（后部）肌肉

俯身，用双臂和一条腿（伸直，脚尖着地）支撑身体，另一条腿屈于体前放松，身体重心集中于支撑脚的脚尖处，脚跟向后、向下用力，感觉到小腿后部肌肉被拉紧，保持紧张状态，10 秒钟后放松，重复 3 次，然后换另一条腿做 3 次 。

4. 拉伸肩部肌肉

仰卧，抬起一条腿，抓住大腿靠近膝盖一端，用力拉向胸部，保持另一条腿伸直并贴近地面，头部也不能离开地面，保持姿势，从 1 数到 10，重复 3 次，并换腿 。

5. 拉伸肩部肌肉

主要有三种方法：第一种，用一只手从外、后侧抓住对侧手臂肘部，拉向被抓手臂的对侧，保持姿势数到 10，重复 3 次，然后拉伸另一侧肩部；第二种，双手手指在头顶交叉互握，掌心朝上，双臂向上、向后伸展，保持 15 秒钟；第三种，一只手臂向上伸直，然后前臂向脑后弯曲，放松，用对侧手从脑后抓住其肘部，向其对侧缓慢拉动，保持 15 秒钟。

注意事项

一般来讲，运动前的热身运动应该考虑以下方面：

1. 内容。准备活动可分为一般准备活动和专项准备活动。一般准备活动主要是一些全身性身体练习，主要包括跑步、踢腿、弯腰等，一般性准备活动的作用是提高整体的代谢水平和大脑皮层的兴奋状态，减少运动损伤的发生；专门性准备活动是指与所从事的体育锻炼内容相适应的运动练习，如打篮球前先投篮、运球，跑步前先慢跑等。除非进行一些专门性运动和比赛，一般人体育锻炼时只需进行一般性准备活动，即可进行正式的体育活动内容。

2. 时间和量。准备活动的量和时间随体育锻炼的内容和量而定，由于以健身为目的的体育锻炼量较小，所以准备活动的量也相对较小，时间不宜过长，否则，还未进行体育锻炼身体就疲劳了。半小时左右的体育锻炼，其准备活动的时间一般为 10 分钟左右为宜。气温较低时，准备活动的时间也可适当长一些，量可大一些。气温较高时，时间可短一些，量可小一些。

3. 时间间隔。与运动员正式参加比赛不同，一般人进行准备活动后就可马上从事体育锻炼，运动员准备活动后适当的休息是为了使身体机能有所恢复，以便在比赛中创造优异成绩。而一般人参加体育活动是为了增强体质，不是创造成绩，所以准备活动后接着进行体育锻炼即可。

青少年进行体育运动，尤其是体育课上的各项活动，要集中注意，听从老师指导。在体育课前，要换胶底鞋，防滑并增加弹性。女生要摘掉发卡，或者把发卡换成皮筋、头绳等软的饰物。衣服兜里不要装坚硬物品，以免摔倒时被扎伤。同时要根据老师的要求做好准备活动，避免肌肉拉伤、扭伤。尤其是在进行器械运动时，要仔细听老师的讲解，掌握好要领再开始运动，投掷运动要听口令，不能乱扔乱投。

整理放松少不了

在健身锻炼中，人体发生了一系列的生理变化，如呼吸和血液循环系统的变化，在运动停止后还维持在较高水平，肌肉负荷所产生的代谢产物

（如乳酸）也仍然处于较高水平的积累，这些都需要在运动后有个恢复和消除的过程。也就是说，健身锻炼后，尤其是剧烈运动后，身体需要有一个缓冲的过程，需要有从运动的应激状态逐渐退出的过程，这就需要我们重视和加强运动后身体的整理放松。

其作用主要有以下几点：

1. 可以防止下肢淤血，加速血液回流心脏，避免出现大脑贫血导致的休克，保持心血管系统的正常机能，减缓头晕、恶心等不良症状；

2. 有利于补偿运动时所欠下的“氧债”，加速消除运动时所产生的乳酸，以及缓解由于耐力和力量练习带来的肌肉酸痛；

3. 可以使青少年从紧张的运动状态逐步过渡到安静状态，对下次训练起到积极的恢复效果。

整理活动的过程与准备活动相反，活动的强度逐渐下降，使生理机能水平逐渐平稳和降低，肌肉对静脉挤压的“唧筒”作用，逐渐下降到一定水平上。特别是注意在做整理活动时，要尽量使参与活动的肌肉得到伸展和拉长，为使在运动中负荷较重的肌肉能保持拉长状态，可做 2～3 次的伸展练习，每次坚持 1 分钟左右。例如，赛跑运动员要牵拉大腿的后部肌群和腓肠肌。实验证明，运动后的牵拉活动，可以减少肌肉的延迟性酸疼和僵硬，对刚参加锻炼的人来说，尤为重要。

整理活动的内容

针对不同的体育运动会可以采用不同的放松方式，主要有以下几种：

1. 短跳掷类力量速度项目：包括短跑、跳远、跳高、投掷类项目，它是发展青少年速度、弹跳力和力量素质的运动项目，应让青少年做一些拉伸性的练习以缓解肌肉的紧张度和关节韧带的疲劳感。而且要动静结合，逐步加大拉伸的幅度，此练习也可在睡前做，以加快肌肉酸痛的恢复。

2. 中长跑类耐力项目：400～1500 米等中长距离的耐力跑是发展青少年的混氧供能能力提高青少年的耐力素质的运动项目，应以有氧慢跑为主，使其内脏器官继续工作来补偿运动时所欠下的氧债，加强呼吸的深度，加速乳酸的消除，达到放松的目的。

3. 技巧韵律类项目：滚翻、单杠、腾越等项目对青少年的肌肉和神经系统都会产生疲劳，可采用拉伸性练习与放松性游戏相结合的方法进行，使青少年的神经系统由抑制转为兴奋，再进行针对性的肌肉拉伸性练习，以消除在力量练习后的酸胀感。

4. 大球类项目：篮球、足球、排球等这些运动对抗性较强的体育项目，对情绪的影响比较大（即心理疲劳），此类项目可采用有氧慢跑和语言提示放松（即意念放松）相结合的方法来进行。语言的提示要柔和，让青少年的意念随着提示自主地慢慢放松身体的各个部位。

5. 小球类项目：羽毛球、乒乓球等项目对青少年的神经系统具有一定的高度紧张和亢奋性，精神疲劳往往胜于身体肌肉的疲劳，而且还具有一定的延时性，应运用游戏和语言提示放松（即意念放松）相结合的方法进行，使其精神状态得到缓解和消除。

6. 其他运动项目：竞争性较强的游戏活动如接力跑等，可进行一些集体韵律放松操，再配上优美熟悉的校园歌曲，让青少年边跳边唱边放松，还可躺在草坪上或体操垫上进行意念放松，以达到彻底放松身心的目的。

整理活动应着重全身性的放松活动，活动量要逐渐减小，活动速度逐步放慢，并结合做深呼吸提高气体交换效率。同时应根据锻炼项目的负荷特点，在全身性放松活动的基础上，对负荷较大的肢体做重点的局部放松，可做局部按摩、牵拉和抖动，也可以配合健身指导员的口令（有条件时，还可配合播放一些抒情的音乐），进行气功的意念放松，对身体与心理的调整放松效果更佳。

科学的运动处方

所谓运动处方就是用处方的形式规定你在进行运动时的运动内容和运

动量的方法，它是指导你进行有目的、有计划、科学地进行体育锻炼的一种方式。它包括运动的种类、运动时应达到的和不宜超过的运动强度、每次运动持续的时间、每周运动次数以及运动时的注意事项等几项内容。

运动处方的制定需要由专业人员来进行，简单说来就是首先对你的身体进行检查，同时询问病史及运动史，根据这些结果安排适合你的具体情况的运动负荷试验。通过这个试验得到你心脏的功能能力，再根据功能能力确定能够最佳地促进你的心脏功能提高的运动强度，并且给出你锻炼时应当保持的个性化的靶心率，即锻炼时心率保持的范围。

为了保证体育运动处方的安全性和有效性，提高锻炼效果，达到增强体质、增进健康、防病治疗的目的，在制定健身运动处方时应遵循以下基本原则：

1. 安全有效性原则

制定体育运动处方，首先必须考虑的是安全，其次是锻炼的有效性。为了保证安全，除了解病史、家族史和医学检查外，制定健身运动处方必须达到改善心血管和呼吸功能的有效强度。其上限是安全范围，下限是有效范围。针对身体条件差的人，如体弱、慢性病患者等，受到运动条件的限制多一些，在制定体育运动处方时必须严格规定运动内容；而针对身体条件好的人，项目选择的自由度比较大，运动内容也广泛得多。

2. 区别对待原则

由于每个人的基本情况和身体条件不尽相同，所以不可能有适应各种情况和不同群体的体育运动处方。因此，制定的健身运动处方内容必须根据每个人的具体情况，因人而异，区别对待。

3. 动态调整原则

一般书刊杂志上介绍的体育运动处方，是一种原则性的介绍，应该说有一定的适应面，但并非所有的人群都适应。即使是运动医学专家根据检查结果制定的运动处方，也不是适合于一个人的任何情况。对于初定的运动处方，要经过运动实践及多次调整后，才能成为符合自身条件的有效健身运动处方。

对于身体发育正常，没有残疾的青少年，锻炼时可根据自己的爱好、身体条件、家庭条件参加多种多样的体育锻炼，如跑、跳、投、游泳、球类、体操、武术等形式多样的体育锻炼，而不必受到过多的限制。青少年锻炼的重点有两方面：一是培养青少年参加体育锻炼的兴趣和习惯；二是全面提高青少年的身体素质，如力量、柔韧、协调、平衡、肌肉耐力、心肺机能，而不是过早地发展某种专项技术。兴趣和习惯是终身坚持体育活动的基础，全面的身体素质是进一步提高运动成绩的保障。而且，青少年参加锻炼的种类越多，身体的发展就越全面，身体的协调性就越好，做动作时就越轻松自如。同时，它还有利于学习掌握新动作、新技能。

青少年进行体育锻炼的时间要掌握好，青少年神经系统的特点是兴奋过程占优势并容易扩散，随着年龄的增长，抑制过程逐渐发展，最后兴奋和抑制达到均衡。儿童时，表现为活泼好动，注意力不易集中，因此，儿童进行锻炼时，每种活动持续的时间不宜过长，强度不宜过大，青少年体育活动的内容和形式要做到多样化和经常变换，防止单一的内容。

青少年的每搏输出量和每分输出量的绝对值比成年人少，但其相对值（以每千克体重计算）比成人大，年龄越小相对值越大。这就保证了在发育过程中因身体代谢旺盛所需的氧供应。这个特点说明了青少年的心脏能适应短时期紧张的体育活动。青少年呼吸器官组织娇嫩，呼吸道黏膜容易损伤；肺组织中弹力纤维较少，肺间质多，血管丰富。肺的含血量较多，而含气量较少。呼吸肌发育较弱，胸廓较小，肺活量较小，体育活动中主要靠加速呼吸频率来增大肺通气量。因此，青少年进行训练时，时间不宜过长，强度不宜过大，运动持续的时间及运动的强度要逐渐增加，同时，应指导青少年掌握正确的呼吸方法，呼吸时要强调加深呼吸的幅度，而不是增加呼吸的频率，并注意与运动的频率（如跑步的频率）配合，以促进呼吸器官的发育。

下面介绍几种适合青少年的健康体育运动方式。

慢　跑

慢跑是当今世界上最流行的有氧代谢运动方法，对保持良好的心脏功能，防止心脏功能衰退，预防肌肉萎缩，防治冠心病、高血压、动脉硬化、肥胖症等，都具有良好的作用。慢跑的速度不宜太快，要保持均匀速度，主观上不感觉难受，客观上以每分钟心率控制在 180 减去年龄数为宜。青少年可根据自己实际情况，适当加大力度。

跑走交替

跑走交替有两种方法：一种是先走后跑，即走 1 分钟后跑 1 分钟，交替进行。每隔两周可调整增加一次运动量，缩短走的时间，增加跑的时间。另一种是由走开始锻炼，随着身体适应能力的增强，渐渐过渡到由慢跑代替行走。运动时间可持续 20 ~ 30 分钟，每周不少于 4 次。

登楼梯

登楼梯是一项与日常生活相结合的运动，它是一种简便、有效、容易开展，且运动量便于调节的体育运动方法，深受世界上居住在大都市高层建筑中居民的青睐。登楼梯是一项较激烈的有氧锻炼形式，青少年须具备良好的健康状态，一般采用走、跑、多级跨越和跳等运动形式，可根据自己的身体状况和环境条件，选择适合自己的锻炼方法。初练者宜从慢速并持续 20 分钟开始，随着体能的提高，逐步加快速度或延长持续时间。当体能可耐受 30 ~ 40 分钟时，即可逐步过渡到跑、跳或多级跨楼梯。

游　泳

游泳运动是利用人体在水中受到浮力、阻力、摩擦力，以及人体在水中处于失重状态下进行锻炼的一种全身运动，适合于各类人群。游泳健身运动的强度与跑步大体相似，每分钟心率可控制在 180 减去年龄数，再减去

10，比如一个 15 岁的人，其游泳时的心率可控制在每分钟 180 - 15 - 10 = 155 次，运动时间不少于 60 分钟，每周不少于 3 次。

骑　车

骑自行车的锻炼效果不亚于慢跑和游泳。为了达到健身目的，锻炼者必须掌握好运动的强度：初始者一般应达到每分钟蹬车 60 次；对于有一定基础的锻炼者，每分钟可蹬 75 ~ 100 次。每次锻炼的时间不得少于 30 分钟，每周不少于 4 次。达到 12 周岁的青少年就可以骑自行车上路了，青少年可利用每天上学放学的时间，有规律有意识地进行骑自行车锻炼。

以上的体育锻炼方式，在后面章节会详细介绍。

青少年进行体育运动要注意以下几个方面：

1. 体育运动要根据青少年的年龄和性别特点，进行合理的组织和安排，以促进身体和智力的健康发育。

2. 青少年进行体育运动，训练持续的时间不宜过长，运动量要适当，不应超过身体的负担能力，进行超负荷运动。

3. 不应过早地让青少年进行专项训练。如果进行早期专项训练则要通过合理的选材，在严格的医务监督下进行。不应过早或过急地要求青少年出现好成绩，也不应让青少年过多地参加正式比赛。

4. 在进行力量练习时，应注意以下两点：第一，负荷不宜过重，并应尽可能减少憋气动作，以避免胸内压过高，使心肌过早增厚，而影响心腔的发育；第二，青少年屈肌的力量较伸肌的力量强，因而要加强伸肌的发展，以保持伸肌屈肌间的平衡，以防止驼背的发生。

5. 青少年参加运动锻炼，应保证充足的休息和睡眠，并要有足够的营养和能量。

6. 青少年体育运动使用运动器械的大小、重量要符合其身体发育特点。

7. 青少年的训练要和卫生教育结合起来，不仅培养他们具有健全的体魄，同时培养良好的个人和公共卫生习惯。

8. 注意观察青少年锻炼后的身体反应，并询问其锻炼后的自我感受，以锻炼后精神状态良好、没有疲劳积累、没有不良感觉（头晕、恶心、食欲下降、睡眠不好等）为宜。

掌握运动量

适宜运动量的掌握，对提高青少年体育锻炼的效果有重要意义。为此，在体育锻炼时应把握好锻炼的运动强度和持续时间。

1. 体育锻炼的运动强度和负荷阈

单位时间内所作的功，称为运动强度。在一些周期性动作为主的项目（如跑、游泳）中，往往以跑速、游速（每秒钟跑或游多少米）来表示强度。在一些非周期性练习（如举重）中往往用负荷的重量（如负重或举起多少千克）或单位时间内完成同一负荷的次数来表示强度。

负荷阈是指在体育锻炼中生理负荷适宜的低限到高限间的范围。生理负荷量指进行身体锻炼所承受的强度、数量、持续时间和密度等因素对人体的作用，因各人体质强弱不同而有显著差别。生理负荷量大小直接关系到锻炼的实际效果，如受到强的刺激，超过机体所承受的生理负荷量，人体就不能产生良好的适应，甚至可能影响身体健康；但负荷刺激过小，达不到生理负荷的最低限度，锻炼效果也不明显。只有在适宜的生理负荷范围内的良性刺激，才能加快机能的适应过程，收到逐渐增强体质的效果。那么怎样控制锻炼时的运动强度呢？下面介绍常用的两种方法：

（1）测定 10 秒钟脉搏来控制运动强度。动脉随着心脏的舒缩而发生有规律的搏动，称为脉搏。正常情况下，脉搏频率和心跳频率是一致的，因此，在运动中常用测量脉搏来代替心率。运动强度越大，脉搏越快；运动强度小，脉搏就慢。脉搏测定方法是用手指触摸颈动脉或桡动脉，一般是测定 10 秒钟的脉搏数来作为衡量与控制运动强度的指标。通常认为，测定运动中或运动后即刻的 10 秒钟脉搏在 30 ~ 35 次，属于大强度运动；脉搏在

25～28 次，属中等强度运动，这一负荷对心肺功能有明显增进作用；如在 20 次以下，属于小强度运动，则认为负荷过小，不能产生增进各器官功能的作用。因此，一般认为体育锻炼中 10 秒钟的脉率在 25～28 次为适宜的运动强度。

（2）测定 1 分钟心率来控制运动强度。国外不少学者认为，在健身跑中用心率来控制运动强度的方法是切实可行的，并提出不少计算公式。如西德的克莱斯提出耐力负荷强度公式为：（本人最高心率－运动前安静时心率）÷2＋运动前心率；芬兰的卡沃宁提出的公式为：安静时心率＋［（220－年龄）－安静时心率］×60%。本人最高的心率可用 220 减年龄来计算。一般先测定本人安静时每分钟心率，然后推算本人的最高心率，代入上述公式，计算本人在健身跑时的心率来控制运动强度。

青少年在锻炼时心率应控制在 120～160 次/分为宜，它有利于增进人体的有氧工作能力，增强体质，提高健康水平。如果心率大于 160 次/分或心率小于 120 次/分，则认为在健身跑中的负荷量过大或过小，都达不到锻炼健身的目的。

例如，某一青少年 16 岁，安静时每分钟心率 75 次，最高心率为 220 减去年龄 16 岁为 204 次，代入克莱斯公式计算，即（204－75）÷2＋75＝139.5 次/分。在健身跑时心率应控制在每分钟 139 次左右为宜，保持这一心率的时间应在 5～10 分钟，能取得较好的健身效果。

2. 健身锻炼的运动持续时间

每次的持续时间对锻炼效果有明显的影响。一般说来，耐力练习产生效果的时间，应是呼吸和循环系统功能的适应过程所需的时间。因此，运动持续时间不应少于 5 分钟，健身跑的时间一般控制在 15～30 分钟为好。如是强度低的运动，持续时间可延长；如是运动强度大的活动，运动持续时间可缩短。

人体有氧耐力水平的高低主要取决于氧运输系统功能，而发展有氧耐力的方法，通常采用强度较低，持续时间较长的持续匀速跑、变速跑和长段落的间歇跑练习。青少年在健身跑锻炼中，一般采用匀速低强度持续性练习为宜。

3. 健身锻炼的周次数

青少年正处于生长发育时期，每天应有不少于1小时的锻炼时间。青少年学生，要积极上好体育课并参加早操、课间操和下午课外活动等。在体育锻炼时，每周锻炼的次数应根据年龄和运动量大小而定。一般认为，12～15岁，每周锻炼2～3次；16～18岁，每周锻炼3～4次。青少年学生体育锻炼的时间，应与体育课错开，可与下午课外活动结合起来进行，但要避免一日内的运动量过大。

晨昏锻炼有讲究

“一年之计在于春，一日之计在于晨。”在体育锻炼方面，许多人习惯在早晨进行。适当的晨练可使人全天充满活力、生机勃勃，并能增强幽默风趣感及艺术感染力，不易出现内分泌紊乱，并有减少焦虑、改善睡眠质量的作用。晨练有度，微汗即止，才可见效。

首先晨练可以强身健体。第一，科学晨练能改善神经系统功能，通过体育活动可提高中枢神经系统的机能水平，提高机体的强度、均衡性和灵活性，使大脑皮质的兴奋与抑制的转换能力提高。同时，体育锻炼能使神经细胞获得更充足的能量物质和氧气，使大脑和神经系统在紧张的工作过程中获得充分的能量物质。研究发现，当脑细胞工作时，它所需的血液量比肌肉细胞多10～20倍，脑耗氧量占全身耗氧量的20%～50%。因此，科学的晨练能使大脑的兴奋与抑制过程合理交替，避免神经系统过度紧张，可以消除疲劳，使头脑清醒思想敏捷。第二，晨练可以提高呼吸系统的能力。科学的晨练活动使呼吸频率加快，呼吸加深，使氧气的吸入量增加，提高人体供氧能力，著名的德国医学教授赫尔曼指出：“慢速长跑是保持健康的最好的手段，关键是氧气，健身跑时的供氧是静坐时的8～12倍，经常晨练的人，呼吸系统老化速度比不晨练的人慢1倍。第三，晨练可以提高和改善循环系统的功能。经常参加晨练活动，可以加强新陈代谢，改善血管的弹性，提高血液量，促进血液循环，提高机体的摄氧能力，在一般情况下，运动时心脏每分钟输出血量是平时输出量的8倍，所以，平时不爱晨练活动的人，稍微活动就出现心跳加速、气短、胸闷、头痛等现象，而经常晨练的人由于血液循环得到改善，血流量增加，使得心腔容量增大，心收缩力增强。久而久之，会使心肌纤维变粗，心肌发达。第四，晨练可以改善运动系统的功能，经常参加晨练活动，可以提高肌肉组织的贮氧能力，改善肌肉组织的能量供应，增强肌肉组织的耐久力，从而使肥肉纤维增粗，肌肉体积和力量增大弹性，肌肉变得发达，结实而有力。据测定，一般人的肌肉能量占体重的40%左右，而经常锻炼的运动员的肌肉重量可达体重的45%~50%。晨练还能改善骨骼的营养状况，增强物质代谢，使骨骼有机成分增加，并可改善骨骼肌与关节韧带的弹性和柔韧性，从而可提高骨骼抗弯、抗拉、抗折、抗压和抗扭能的性能，同时还可以使关节和韧带的运输的幅度、灵活性和准确性提高。

其次，晨练可以塑造体型美。体型与体态反映一个人的外形，同时也能反映出一个人的精神面貌。人们科学地进行体育锻炼，就可以根据需要选择合适的动作，有目的地纠正，改善体型、体态，塑造健美的形体，通过坚持参加晨练健身健美运动，消耗多余的热量，加快机体的新陈代谢，防止皮下脂肪堆积。

另外，晨练还可以陶冶情操。晨练活动不仅可以使人的体格健壮、外形优美，而且还可以健“心”，调节心理活动，消除人们心理障碍。同时晨练活动还具有多样性、娱乐性、趣味性等特点，满足现代人多方面的审美需要，给人们的生活带来乐趣，培养人们良好的道德；树立集体主义精神，还可以培养人们吃苦耐劳、团结互助和坚忍不拔的良好品质。

青少年在起床后，应适当补水，以促进循环血量增加，血液黏滞度降低，排除体内聚积的毒素，以起到“内洗涤”的作用。但切记不要饮水过多，以150～200毫升为宜，以免增加心脏及胃肠道的负担。晨练前还应进食少量碳水化合物，如进食一杯糖水、牛奶、豆浆、面包、鸡蛋等，但进食量不宜过多，可吃至半饱后到户外进行晨练。同时在晨练之前要做好准备活动，以免发生意外。

青少年在进行晨练时，要注意选择好适宜的地点。雨雾天气是不宜晨练的。现在的“雾”与过去的“水雾”不同，由于污染严重，现在多为“污染雾”，细小的雾滴含有大量污染物质和致病菌，晨练时呼吸量增加，会吸入更多的污染物。严重者会产生呼吸困难、胸闷、心悸等症状。同时，气温过低不宜晨练。冬季早晨若气温过低，或气温突降是不宜晨练的，这是切不可进行剧烈的体育运动，以防止身体出汗后，未能及时增加衣物，造成感冒伤风。阴雨天忌在林中晨练。虽然雨天仍可进行晨练，但不宜在树林中练，因为树木此时未受阳光照射，没有进行光合作用，所以仍然是吸氧吐碳的，这是在树林里运动，时间过长会使人二氧化碳中毒。另外，晨练也不宜在马路边、工厂附近、人群密集处进行，因为此处污染严重有害健康。

近些年，有的专家提出，体育锻炼不宜选在早晨。因为，植物经过一夜的新陈代谢，呼出大量的二氧化碳，所以早晨树林里的二氧化碳的浓度相对高一些，一些灰尘也在空气中飘浮，对人的健康不利。另外，人的血压在早上比较高，容易出问题。那么进行体育锻炼究竟选在什么时间合适呢？国外许多学者研究揭示：人体一昼夜间机体能力状态是变化的。每天8～12时，14～17时是肌肉速度、力量和耐力处于相对最佳状态的时间，若在此时间里进行体育锻炼和运动训练，将会收到比较好的效果。而3～5时，12～14时则处于相对最低态，如果在此时间里从事体育运动，则易出现疲劳。且“负荷量”过大时，发生运动损伤的概率大。这说明，人们应该根据客观条件的可能性，尽量选择相对最佳时间去从事体育活动，以期收到好的锻炼效果。

青少年每天都有固定的作息时间，除了上课以外，所剩的课余时间都可进行体育锻炼。无论是晨练还是“黄昏练”，只要持之以恒，都会受益匪浅的。

合理膳食吃得好

青少年学习紧张，活动量大，能量消耗大，尤其是处于生长发育高峰期，所以每日营养素和能量消耗比开始发育前要增加 2 倍多，故对营养的需求也随之增多。

各类营养物质的需求量

青少年是身体发育黄金期，肌肉系统发育最快，所需蛋白质也最多，对于各种氨基酸的需要量也都相应增多，一般会高于成人的 1 ~ 2 倍，精氨酸和苏氨酸比成人高达 4 倍，其中优质蛋白质应占 40% ~ 50%。在蛋白质的供给量上应与热能相适应，占总热能的 12% ~ 15%。膳食安排应坚持以谷类为主，每餐可摄入 150 ~ 200 克粮食，同时可搭配些大豆或豆制品以发挥蛋白质互补作用。青少年的体力及脑力发育需要充足的维生素 A、维生素 D、维生素 C、维生素 B 族及钙、磷、锌、铁等矿物质，所以膳食中不可缺少奶及奶类食品、富含血红素铁、锌和优质蛋白质的动物性食品（如肉类）。另外，蔬菜水果富含钾、钙、镁等矿物质，维生素 C 及膳食纤维，应多食用。

营养丰富的食物

总体上说，青少年每日的膳食组成为：谷类 400 ~ 660 克，鱼禽类

150～175克，蛋类50～75克，大豆或豆制品（折算成干豆重）50克，蔬菜300～550克，水果50～100克，植物油10～20克，食糖10克，牛奶或豆浆250克。

养成良好的饮食习惯

青少年要养成良好的饮食习惯，以保证能够健康地成长。

早餐要喝牛奶

首先，要保障饮食多样化。合理营养对青少年健康成长及学习有着很重要的意义。按营养学要求，青少年一日的膳食应该有主食、副食，有荤、有素，尽量做到多样化。合理的主食，是指除米饭之外，还应食用适量的面粉制品，如面条、馒头、包子、饺子、馄饨等。根据营养学家建议，在主食中可掺食玉米、小米、荞麦、高粱米、甘薯等杂粮。早餐除吃面粉类点心外，还要坚持喝牛奶或豆浆。

第二，要注意荤素搭配。合理的粮菜混食、荤素搭配，不仅可使人体所需要的营养成分齐全，相互得到补充（即营养的互补作用），而且食物的多样化可促进食欲，增进机体对营养素的吸收和利用。膳食营养素的摄入量可参考中国营养学会制定推荐的“每日膳食中营养素供给量”来对照衡量。

第三，要安排好一日三餐。所谓合理营养，是应该符合生理功能和实际需要的，如早餐要选择热能高的食物，以足够的热能保证上午的活动。有些发达国家很注重早餐，不仅有牛奶、橘汁，还有煎蛋、果酱、面包和肉类食品。所以早餐是一定要吃的，不然就会在学习中出现头晕、腹痛等症状。午餐既要补充上午的能量消耗，又要为下午消耗储备能量，因此午餐食品要有丰富的蛋白质和脂肪。至于晚餐则不吃食过多的蛋白质和脂肪，以免引起消化不良和影响睡眠，多以吃五谷类的食品和清淡的蔬菜较适宜。

第四，应避免暴饮暴食、偏食挑食及盲目节食。尤其对于女孩子来说，由于社会风气和习俗的影响，过多注重自己的体形，盲目减肥甚至节食，可能会严重影响其饮食习惯，而女孩子的生理发育特点又要求食入脂肪不能过少，其每天能量供给的25% ~30%应该来自于脂肪，其中动物性脂肪和植物性脂肪的比例为1∶2最好。

第五，应少吃零食。尽量少吃垃圾食品，可以适量食用有益健康的零食，如牛奶、酸奶等奶制品，各种新鲜蔬菜和水果及花生、核桃等坚果类食品。此外，吃零食的量不要过多，不要影响正餐。

运动对营养的需求

食物及饮料不仅决定健康状态，而且还能决定在剧烈运动中的耐力。如果要在几小时后进行大运动量的锻炼，碳水化合物是最佳的食物，因为它们能迅速被消化吸收，立即为人体提供所需的能量。运动时，消化速度减慢，其原因是血液从胃肠转到了肌肉。运动前1小时进食，则容易在运动中出现反胃，因为还有食物在胃里未消化完。如果感到饥饿，或者连续5小时没有进食，不要进行大运动量的锻炼，否则会使人感到十分饥饿。最佳的进食时间是运动前的3小时。此外运动时千万不要嚼口香糖，如不慎吸入，会堵塞气管。

体育运动需要补充足量的水分。适量的饮料是对因出汗而失水的补充。如果连续运动45分钟，特别是在出汗较多的炎热天气里，更需要补充水分。开始运动前半小时，喝一两杯水可防止脱水，并确保体内组织水分充足。运动30 ~40分钟后，应停下来休息，抓紧时间多喝点水。但是，如果所进行的运动持续1小时以上，如长时间的网球赛或马拉松赛，应每隔一段时间就喝些水。水分的流失量并不全靠感觉口渴来表示，因此要养成长时间运动时即使不觉口渴也要喝水的习惯。一做完运动，应立即喝水，特别是已经大汗淋漓的时候。

体育运动要保障均衡饮食。活动量越大，所需摄取的热量就越多。均衡的饮食能满足身体对维生素、矿物质和其他营养的需求。

1. 糖类食物。多种糖类、水果及淀粉中的糖可以提供运动所需要的热能，但要适量摄入。

2. 蛋白质。蛋白质可增强兴奋性和灵敏性，而且对降低血脂有益。

3. 多吃蔬菜。蔬菜可以提供丰富的维生素和无机盐，还可将肉类、乳类、蛋类和粮谷中的酸中和，有利于运动。

4. 吃容易消化的食物，饭菜应多样化。

5. 多吃含钙量大的食品。可以防止因运动引起的肌肉疲劳。钙的来源主要为牛奶和奶制品。

6. 为了补充因运动所失去的盐分，应多吃些咸肉汤、酱汤等，有利于增进食欲。

7. 多吃含铁量大的食品，可以从动物的肝脏中获取。

体育运动应多食用增加能量的食物。马铃薯、面食、豆类、谷物及谷类食品都含有大量的碳水化合物，是用来增加体内肝糖的理想食品。肝糖（又称淀粉）积存在肌肉中，运动时转换为葡萄糖以供给能量。许多专业运动员设法摄取淀粉，以增加能量的储存，这一过程叫做碳水化合物补充。首先他们通过强化训练来消耗体内的肝糖，而后，在比赛前 3 天大量摄取富含淀粉的碳水化合物。

四季锻炼各不同

SIJIDUANLIANGEBUTONG

春季锻炼到户外

步入春季，天气逐渐回暖，不少因冬日寒冷减少了运动的人们，此时已开始制定春季健身计划。春季不锻炼，一年四季都会打不起精神来，皆因“一年之计在于春”，所以春天的健身计划可非得精心策划一番不可。对于青少年来讲，进行春季锻炼，可吸入更多的氧气和负离子，改善机体新陈代谢，春光中的紫外线极具杀菌功能，能促进人体维生素 D 的形成，有利于青少年骨骼的发育。据世界卫生组织对青少年发育统计资料表明：春季是青少年身体发育生长最快的时期。这是因为继寒冬的休眠和春天的复苏之后，自然界的万物在春暖花开、艳阳高照中进入生长发育的高峰。

春天适宜到户外运动

科学锻炼方法少不了

青少年在春季参加体育锻炼，要注意掌握科学的方法：

1. 晨起提倡伸懒腰。之所以提倡晨起伸懒腰，是因为经过一夜睡眠后，人体松软懈怠，气血运行缓慢，故方醒之时，总觉懒散而无力，此时若四肢舒展，伸腰展腹，全身肌肉用力，并配以深吸深呼，则有吐故纳新、行气活血、通畅经络关节、振奋精神的作用，可以解乏、醒神、增气力、活肢节。中医认为“人卧血归于肝”，“人动则血流于诸经”，经过伸懒腰，血液循环加快，全身肌肉关节得到了活动，睡意皆无，头脑清楚，同时，激发了肝脏功能，符合春季养肝之道。

2. 运动前要热身。冬季使我们身体都处在一种相对僵硬的形态，身体各器官如内脏、肌肉的功能都处于较低水平，骨骼和韧带都很僵硬，贸然弯低身体、高踢脚尖，甚至是扭腰、跳绳，都容易造成运动损伤。特别是从事剧烈的运动前，“热身运动”更是少不了，这是为了预防肌肉和骨骼遭受损伤。尤其是在初春，天气基本处在乍暖还寒时候，所以运动前一定要记得做准备活动，舒活筋骨，防止拉伤。

3. 春季参加体育锻炼要到户外。春季讲究护肝，中医讲究五行（金、木、水、火、土），而春季则属于五行中的木。人体五脏的“心、肝、脾、肺、肾”，对应五行，因此肝也属木，肝脏与木的物性是一致的。因此，多与大自然接触，迎接春季和暖阳光，对改善肝脏功能及全身心的健康好处颇大。另外，中医认为，春天的阳气在树林、江河、湖边的空气里尤其旺盛，这些地方富含着一种负氧离子，它有止咳、消除疲劳、调节神经、降压、镇静等功效。运动地点选择在户外，能改善呼吸、新陈代谢及血液循环的状态，越练越精神，就算是“春困”一类的恼人事也难以近身。

4. 春季锻炼刚出汗就够。春天的气候变化较大，所谓春寒料峭，所以锻炼时如果感觉天气较凉，应该等身体锻炼到微微发热时才减衣，让身体处于一个比较好的舒适状态中，俗话说的“春捂秋冻”就是这个意思，对于春天的气候来说，捂就比脱要来得保险点。

有这样一个误区，人们总是认为出汗越多，运动效果越好。其实不然，在气温适宜的情况下，出汗绝对有很好的锻炼效果。但春季的气温与夏季相比还比较凉，出汗过多容易使毛孔扩张得大，凉湿之气乘机侵入体内，也易使身体受风寒而着凉感冒，从而诱发呼吸道疾病。中医认为，汗与心和血有很大的关系，一定量内的流汗有排毒作用，但如果汗液排泄过多，则会带走体内一些珍贵的微量元素，会耗人心血、损人阳气。

因此，春季锻炼不宜出汗过多，刚出汗就可以了，锻炼结束时还要立即擦干汗液，换上干爽衣物，以防着凉。若已经感冒，那就不适宜参加体育锻炼，而应多休息，待感冒痊愈后再参加锻炼。只要能坚持每次 30 分钟、每周 3 次，或每天 2 次、每次 15 分钟的体育锻炼就可以起到强身健体的效果了。

5. 体育锻炼后需“冷身”。对应于锻炼前的“热身”，运动过后要注意“冷身”。运动能加速血液的循环，如果不能以一些节奏慢的简单运动，血液不能突发性地自动适应身体的变化，血压会猛然下降，心脏供血不足，引起昏迷甚至休克死亡。简单的 5 分钟左右的慢走，能够有效地消除疲劳。当脉搏减慢至 120 次以下，你的“冷身运动”才算成功。

户外运动多参与

春季的体育锻炼要到户外，可以促进青少年的骨骼增长，下面介绍几种适合青少年在春季做的运动：

1. 骑自行车。骑着这种靠体力去踩的脚踏车，穿越周围像画卷一样美妙的风景，心情不禁无比畅快，而且感觉这不仅是一种健身运动，更是一种心灵放逐的愉悦。人的手和脚上有许多穴位，当你紧握车把与用力蹬单车时，实际上已经不知不觉开始了身体的穴位按摩。骑自行车不仅能借腿部运动使血液循环加速，同时也强化了微血管组织。

小提示：自由骑车法就是不限时间和强度，主要是以缓解由于生活压力所造成的身心疲劳；强度骑车法可以规定自己每次、每小时多少千米的骑车速度，可以有效地加强对心肺的刺激，锻炼人的心血管系统；间歇性骑车法可以快慢交替骑行。例如，先慢骑 5 分钟，然后快骑 5 分钟，再照此循环反复几次；有氧骑车法主要以中速骑行，一般要骑 45 ~ 60 分钟，对减肥和提高心肺功能都有好处。需要提醒的是，年龄不足 12 周岁的青少年不适合采用此法进行体育锻炼。

2. 放风筝。春天是放风筝的大好季节，放风筝时手牵一线而动全身，不仅可以呼吸到新鲜空气，清醒头脑，令人手脑协调，强健身心。而且在放风筝时，可以活动周身关节，可以舒展筋骨，促进血液循环和新陈代谢，改善血液循环状态。同时放风筝时昂首眺望，极目远视，能调节眼部肌肉和神经，消除眼疲劳。但是在放风筝时要注意保护颈部，头颈不要长时间后仰，而应后仰与平视交替，以平视为主。放风筝最好以 2 ~ 3 人一起，选择平坦、空旷的场地进行为宜。

3. 旅游、登山。在寒冷的冬季里，身体被厚厚的棉衣捂了两三个月，体温调节中枢和内脏器官的功能亦有不同程度下降，肌肉和韧带长时间不活动，更是萎缩不展，收缩无力，极需外出旅游赏景，既锻炼了身体，又陶冶了情趣。另外，春天的郊野，空气清新，枝条吐绿，芳草茵翠，鲜花斗艳，百鸟争鸣，置身于如此优美的大自然怀抱，令人陶醉，所以自古以来，人们最喜踏青春游。

在春季，登山也是一个不错的选择，是一项极佳的有氧运动，山中的空气异常新鲜，对于改善肺通气量、增加肺活量、提高肺的功能很有益处，同时还能增强心脏的收缩能力。山间道路坎坷不平，有益于改善人体的平衡功能，增强四肢的协调能力，尤其是行走在没有经过人为修饰的非台阶路段，可使人体肌纤维增粗、肌肉发达，增强肢体灵活度。另外，在山巅之上极目远眺，可以解除眼部肌肉的疲劳，还可使紧张的大脑得到放松和休息。登山一般应选择在清晨，但强度不宜过大，以心率保持在 120 ~ 140 次/分为宜。登山要循序渐进，要先做一些简单的热身运动，然后按照一定的呼吸频率，逐渐加大强度。锻炼结束时，要放松一下，使血液从肢体回到心脏。运动时要注意补充水分，以尽快减轻疲劳感、恢复体力。

青少年可根据自己的实际情况选择适合自己的体育锻炼项目。

夏季运动要适度

进入炎炎夏日，持续的高温天气，如何进行体育锻炼时人们关心的问题。有人认为夏天炎热，在家里呆着还热得受不了，还参加什么体育活动？有的人又觉得夏天穿得少，运动起来方便，应该多加运动。也有人认为夏天运动出汗比较多，因此就拼命地运动。其实，夏季运动除要选择合适的运动项目和合适的运动强度外，还应该顺应季节的环境，多补充水分，防止中暑和津液受损。

适合夏季的锻炼方式

烈日炎炎，紫外线强，很多运动都不能随时随地地进行，人们最好选择在室内运动。专家指出，夏季宜选择“轻运动”，避免因为过度运动对身体造成伤害。

夏季游泳

适合在夏季进行的体育活动主要有以下几种：

1. 游泳。骄阳似火，热风扑面，此时最受人们喜爱的运动非游泳莫属。夏季室内游泳池的水温多在26℃左右，低于人体温度，室外可供游泳的水域温度会更低，这种水环境可以将身体的热量带走，让你在游完泳之后的2个小时内依然保持凉爽。同时，游泳有血管舒缩体操之称，对心脏非常有利，还能提高人的呼吸系统功能，使大脑皮层的兴奋性增高，指挥功能增强。并且不会导致运动损伤，是放松身心的最佳选择，老少皆宜。但需注意，在室外游泳，尤其到海边游泳，一定要注意防晒。

2. 旅游。夏季是旅游的最佳时间，主要目的是消夏避暑。因此，夏季旅游的目的地应是海滨和山区。海滨气候所具备的特有的综合作用，可协调机体各组织器官的功能，对许多慢性疾患，如神经衰弱、支气管炎、哮喘、风湿病、结核病、心血管系统疾患及各种皮肤病都有一定防治作用。而山上气温气压较低、风速较大、太阳辐射强，尤其紫外线含量充沛，有助于钙、磷代谢和机体免疫力的提高。另外山区壮阔的自然景观、宁静透明的天际或变幻无穷的云海，会令人心旷神怡。因此，人们可充分利用山地的自然条件做短期疗养，避暑、爬山、游览和散步。

夏季水上运动

另外，在夏季还可以选择跳绳、慢跑、健身操、划船等体育锻炼，要根据喜好自行选择。

夏季运动的注意事项

夏季天气炎热，在进行体育锻炼的时候要注意保护自己，要注意防晒、补水、预防中暑等。

1. 衣物的选择。浅颜色的衣服可以减少热量的吸收，穿起来比较凉快；深颜色的衣服会吸收更多的热能，穿起来比较闷热。棉织品透热、吸汗优于化纤制品。所以，夏季运动着装以浅颜色棉织品为最好，款式越宽松，散热性能就越好，颜色越浅越不容易吸热。夏季户外运动大量出汗，衣服很快就湿透了，很多人到达目的地以后，往往任凭衣服湿着，靠自己的体温把衣服烤干，这样做是极其有害的，长此以往，会引发风湿或关节炎等疾病。所以在参加体育活动前，应随身带上一套备换的贴身干衣服（特别是上衣）和一件外套，到了目的地以后，即刻把湿衣服换下来。活动途中休息的时候，在风很大的情况下，如果休息的时间较长，要及时穿上外套，否则风会把身体的热量大量带走，人的身体冷热交替，很容易引发疾病。

2. 控制运动强度。夏季人体能量消耗很大，运动时更要控制好强度。体育锻炼的时间、频率等一定要按个人体力、运动基础和生活习惯来确定。体质好又有锻炼习惯的人，锻炼时间可相对长些，一般每次 60 分钟为宜；体质弱或缺乏锻炼习惯的人，锻炼时间相对短些，一般 20 ~ 30 分钟比较合适，每周运动次数最好控制 3 ~ 4 次，间隔的时间不要超过 3 天，切忌骤然加大运动量。

3. 注意防晒。夏季进行户外运动，尤其是到海边，阳光相当强烈，务必要注意防晒。一般来说，在早晨出发，到达目的地已经将近中午，这个时候的气温最高，骄阳似火，阳光中的紫外线特别强烈，皮肤长时间暴露在烈日下，会造成 1 ~ 2 度的灼伤，而且紫外线还可以透过皮肤、骨骼，辐射到脑膜、视网膜，使大脑和眼球受到损伤。所以高温天气下应尽量避免长时间在海边等紫外线强烈的地方活动。参加一般的活动一定要带上太阳帽、墨镜、防晒霜、毛巾，穿长袖上衣。

4. 及时补水。夏季户外运动出汗多，必须及时补充水分，但如果饮水方式不对，会引发不良的后果。很多饮料广告中的模特，在运动中或休息时，往往拿起一瓶饮料一饮而尽，看起来很解渴，实际上从运动生理学的角度上来说，是非常有害的。运动中和运动后大量饮水，会给血液循环系统、消化系统，特别是给心脏增加负担，造成更加疲劳。大量饮水的结果只会是出汗更多，导致盐分进一步流失，引发痉挛、抽筋。所以要科学地饮水，讲究少量多次，运动中每 10 ~ 15 分钟饮水 150 ~ 200 毫升。每次喝水只喝几口，喝水的次数频繁一些，不要依赖口渴的感觉作为补充水分的依据，不渴的时候也要补充水分，让水分均衡地补充。同时注意不要一次大量饮水，但不是控制补充水分，如果水分大量流失得不到补充，严重的会引发肾衰竭。运动过程中，如果时间超过1个小时，就应该喝些淡盐水，每升水里加0.11～0.15克盐，并将水温控制在15～22℃。运动时有很多离子成分随汗液排出，淡盐水则能及时补充流失的离子，防止出现血钠症等不适反应。

5. 运动后最好喝电解质饮料。运动饮料中应该含有少量糖分、钠盐、钾、镁、钙和多种水溶性维生素，以补充运动中身体所失及所需。饮白开水会造成血液稀释，排汗量剧增，进一步加重脱水。运动饮料的温度也讲究，过高不利于降低体温散热，过凉会造成胃肠道痉挛，一般应口感清凉，温度在10℃左右为宜。切忌在运动中或运动后马上吃冷饮，因为运动时大量血液涌向肌肉和体表，而消化系统则处于相对贫血状态，这时进食大量冷饮不仅会降低胃的温度，还会冲淡胃液，使胃的生理机能受损，轻者会引起消化不良、呕吐、腹泻、腹痛等急性胃肠炎，重者还可能为以后患慢性胃炎、胃溃疡等埋下祸根。

6. 预防中暑。夏季参加户外运动，由于气温高，运动量大，身体内的热量积累的比散发的多，如果不注意防范，就很容易中暑。所以夏季运动要选择好时间，夏季每天11:00～16:00是紫外线、红外线最强的时候。过强的紫外线可造成皮肤和眼睛的损伤，并可致皮肤癌。此时间段不宜运动，容易造成中暑。其他时间的运动过程中，如果不及时降温，体内的温度进一步积累而使身体的关键器官温度上升到危险的地步，就会出现脉搏极快、虚弱、头疼、意识模糊、皮肤热烫而泛潮红等症状，这说明已经中暑了，如果不及时处理，会有生命危险。此时应尽快到通风凉爽的地方，可服用藿香正气水、人丹等药物，缓解症状。

7. 避免热伤风。夏季在高温下运动，人体内部产热快，皮肤的毛细血管大量扩张，以利于身体散热。如果遭遇到过冷刺激，会使体表已经开放的毛孔突然关闭，造成身体内脏器官功能紊乱，大脑体温调节失常，导致生病，通常会发生“热伤风”，也就是夏季感冒，甚至会导致更严重的疾病。所以夏季旅游时，在大汗淋漓的情况下，如果有山泉水、溪流、池塘等，或者是途经海边，千万不能贪图一时凉快而立即跳下去洗凉水澡。同时，夏季晚上睡觉时，务必不要打开空调直接对着身体吹，最好是打开窗户用自然风降温。

8. 注意饮食搭配。由于运动后人体内能源物质、维生素和矿物质大量消耗，尤其是夏季消耗更大，所以青少年在体育锻炼后一定要多补充蛋白质、维生素等身体必须的营养元素，饮食上最好荤素搭配，多喝白开水。可以少吃多餐，多吃水果和蛋白质含量较高的食品，运动完后最好别吃太油腻的东西，吃含水分高的食物有助于及时补充身体水分。

9. 保证睡眠。夏天日长夜短，气温高，人体新陈代谢旺盛，消耗也大，容易感到疲劳。充足的睡眠，可使大脑和身体各系统都得到放松，既利于工作和学习，也是预防中暑的措施。最佳就寝时间是22:00~23:00，最佳起床时间是5:30~6:30。睡眠时注意不要躺在空调的出风口和电风扇下，以免患上空调病和热伤风。

秋季锻炼要四防

秋季空气温度随着高度的上升而递减，加之秋季早晚温差大，因此进行体育锻炼，可使人的体温调节机制不断地处于紧张状态，从而提高人体对环境变化的适应能力。秋季的气候特点是阳消阴长的过渡阶段，人体生理上也应着“长夏”到“秋收”的改变，处于收敛内养阶段。秋季五脏属肺，秋收冬藏。秋季养生，离不开“收、养”原则，一要养收，二要养肺，要把保养体内的阴气作为首要任务。运动时要记得顺应这一原则，即运动量不宜过大，选择轻松平缓的项目。尤其是儿童和体质虚弱者，以防出汗过多，阳气耗损。人们在秋天容易疲乏、思睡，所以在运动后要注意休息，恢复体力。

秋季运动四防

秋季骑单车是项不错的运动

一防受凉感冒。秋日清晨气温低，不可穿着单衣去户外活动，应根据户外的气温变化来增减衣服。锻炼时不宜一下脱得太多，应待身体发热后，方可脱下过多的衣服。锻炼后切忌穿着汗湿的衣服在冷风中逗留，以防身体着凉。

二防运动拉伤。因为人的肌肉和韧带在气温较低的情况下会反射性地引起血管收缩，黏滞性增加，伸展度降低，关节的活动幅度减小，神经系统对肌肉的指挥能力下降，锻炼前若不充分做好准备活动，会引起关节韧带拉伤、肌肉拉伤等。准备活动的时间和内容可因人而异，一般以做到身体发热为宜。

预防运动拉伤

三防运动过度。秋天是锻炼的好季节，但此时因人体阴精阳气正处在收敛内养阶段，故运动也应顺应这一原则，即运动量不宜过大，以防出汗过多，阳气耗损，运动宜选择轻松平缓、活动量不大的项目。

四防秋燥。秋季是感冒流行的季节。有不少人一过立秋，就开始鼻塞、流涕、鼻痒、打喷嚏，但这并不一定是感冒，因为过敏性鼻炎也是立秋后的高发病。在干燥的秋季里，人们常会感到鼻腔干的冒烟，有时还会出血；喉咙也常会发痒，并伴有干咳，有时还有少量的黏液痰；有人甚至嘴唇干裂，痛得喝水吃饭都困难，这就是中医常说的秋燥。同时秋天温度较低，也是肝火偏旺、肝气偏衰的季节，易引起咽喉干燥、口舌少津、嘴唇干裂、鼻出血、便秘等症。所以，每次锻炼后应多吃些滋阴、润肺、补液生津的食物，如梨、芝麻、蜂蜜、银耳等。运动后还要多喝开水，多吃甘蔗、梨、苹果、乳类、芝麻、新鲜蔬菜等柔润食物，以保持上呼吸道黏膜的正常分泌，防止咽喉肿痛。如运动时出汗过多，可在开水中加少量食盐，以维持体内酸碱平衡，防止肌肉痉挛，补充时以少量、多次、缓饮为准则。此外，如进行长跑锻炼，还要饮用适量的糖开水，以防低血糖，出现头晕、出虚汗、四肢乏力等不良生理反应。

适合秋季的体育锻炼

秋季在五行中属金，容易产生各种呼吸系统疾病，适宜的运动可以增强心肺功能，增加机体的免疫力。

1. 最佳运动：慢跑快走

一般来说，秋季各种运动都适合做，尤其是快步走、跑步等有助于加强心肺功能的有氧运动。慢跑和快步走能改善心脏功能、脑的血液供应和脑细胞的氧供应，减轻脑动脉硬化。一天中如果抽出 40 分钟左右慢跑，不但会减少疾病、增强体质，精力也会日益充沛起来。慢跑最好安排在傍晚，以下午 3 ~4 点钟为宜。

2. 时令运动：登高爬山

重阳登高、爬山是秋季的传统运动。它不仅能使肺通气量和肺活量增加、脑血流量增加，而且由于气候的独特，气象要素的变化对人体生理机能还有些特殊的帮助。爬山时，随着高度在一定范围内的上升，大气中的氢离子和被称作“空气维生素”的负氧离子含量越来越多，加上气压降低，能促进人的生理功能发生一系列变化，对哮喘等疾病可以起到辅助治疗的作用，并能降低血糖，增高贫血患者的血红蛋白和红细胞数。另外爬山时温度变化最为频繁，这对人体也是一种耐寒锻炼。山上山下的温差变化使人的体温调节机制不断地处于紧张状态，从而提高人体对环境变化的适应能力，相当于适应“秋冻”。

3. 挑战运动：冷水游泳

初秋的冷水泳能对神经系统起到明显的刺激作用，加速身体的新陈代谢，增强机体免疫力，并有助于在冬天进行冬泳。但是冷水泳应该在室内游泳场馆进行。立秋后的天气明显有别于夏季，露天的水池会比原来凉很多，如果体温无法适应，就容易抽筋和感冒。随着气温的下降，游泳的时间最好选在每日中午气温较高时进行。游泳前的准备工作也很重要，因体温与水温相差很大，必须先在岸上跑、跳、做操，活动全身各关节，摩擦全身皮肤使关节灵活，肌肉放松，全身发热，但以不出汗为宜。另外，游泳的时间也不宜过长。初学者每次 3 ~ 5 分钟即可上岸。当出现寒颤、皮肤变紫、头晕或头痛等现象时，应立即上岸。

对不会游泳者来说，坚持冷水浴一样有锻炼效果。但一定要循序渐进，洗浴部位从局部到全身，水温由高到低。常见的冷水浴有四种：一种是头面浴，即以冷水洗头洗脸；一种是脚浴，双足浸于水中，水温可从 35℃左右开始，逐渐降到 5℃左右；第三种是擦浴，即用毛巾浸冷水擦身，用力不可太猛，时间不宜太长，适可而止；最后是淋浴，先从 35℃左右的温水开始，渐渐降到用自来水洗浴。洗冷水浴有助于消化功能的增强，对慢性胃炎、胃下垂、便秘等病症有一定的辅助治疗作用。但冷水浴对某些冷水过敏以及患有严重心脑血管疾病、风湿病、肺结核、坐骨神经痛及发烧病人不宜进行。

秋季锻炼还要注意水的补充、能量的供给以及维生素和矿物质的补充。建议在运动前后一个小时和运动中都不要大量饮水，饮水方式采取少量多次的原则。运动时食物的选择，最好以低脂的碳水化合物为主，容易消化而且能提供糖类作为能量来源。运动时，补充适当的抗氧化维生素可补充因出汗流失的矿物质，蔬菜水果中富含维生素和矿物质。

冬季运动要得当

冬季体育锻炼，由于肌肉不停地收缩，心跳加快，呼吸加深，新陈代谢旺盛，身体产生的热量增加，同时体育锻炼还能增强大脑皮质的兴奋性，使体温调节中枢能够灵敏、准确地调节体温，适应寒冷的环境，提高人们的御寒能力。所以坚持冬季锻炼的人和一般人相比，抗寒能力可增强 8 ~ 12 倍。但是冬季因为气候寒冷，持续的冷空气进入人体，刺激咽喉，引起上呼吸道的感染，容易使人患感冒、发高烧，但如果此时进行一些健身运动，就能有效抵制寒冷空气带来的诸多症状，还能在提高身体免疫力的基础上保持美好身材。不过，冬季健身也不能一蹴而就，要根据每个人的身体状况进行适量运动，才能达到强身健体的目的。

冬季主推运动

冬季运动可以增强人体的新陈代谢，能提高人体的免疫力，还能预防感冒的发生。不过，在选择所要进行的运动项目时，要针对自己个体的身体素质而定。适合在冬季进行的体育活动主要有：

1. 跳绳。跳绳本来就是属于推荐度极高的有氧运动，特别适宜在气温较低的季节进行，从运动量来说，持续跳绳 10 分钟，与慢跑 30 分钟或跳健身舞 20 分钟相差无几。冬天天冷很容易让人犯懒不想动。经常跳绳能让全身都得到充分的活动。对提高体质、增强免疫力、预防感冒都很有效。而且只需要简单的器械和较小的场地，还可以边听音乐边跳绳，放松身心。

2. 长跑。冬季长跑有利于防病治病，使血液循环加快，对排泄系统有害物质起到清洗作用，从而使有害物质难以在体内停留和扩散。健身长跑有利于心情舒畅、精神愉快。长跑使人情绪饱满乐观，有助于增进食欲，加强消化功能，促进营养吸收。同时，长跑锻炼对于培养人们克服困难，磨炼刻苦耐劳的顽强意志具有良好的作用。特别是对那些冬季怕冷爱睡懒觉不想锻炼的人起到促进作用，从而使他们尝到健身长跑锻炼的好处。

3. 冬泳。冬季的体育活动，不局限在室内，对于身体素质好的人来讲，户外的滑雪、溜冰、冬泳都是不错的选择。

冬季注意防感冒

在冬季锻炼要注意做好相应的保健工作：

1. 参加锻炼前要做好准备活动。准备活动能够使中枢神经的兴奋性提高，心脏和肺脏的功能加强，血液循环和物质代谢得到改善，更好地适应激烈运动的需要。由于肌肉关节都活动开了，不仅可取得较好的锻炼效果，而且也能防止肌肉拉伤、关节扭伤等症状。

2. 呼吸尽量用鼻子。冬季的气候干燥寒冷，锻炼时，要用鼻子呼吸，并注意呼吸的节律，鼻黏膜的血管丰富，腔道也比较弯曲，对空气有加温加湿的作用，所以要用鼻子呼吸，气体不够用时，可轻轻咬住牙，舌头舐住上腭，让空气从牙缝里进去，不要大口喘气。

3. 要注意预防冻伤和感冒。刚从室内到室外锻炼时，要戴上帽子和手套，穿厚一点的衣服，做做准备活动，等身上发暖后，再脱去厚衣服。锻炼结束时，要做好整理活动，及时穿上衣服，注意保暖。如果出汗，要把身上的汗迹擦干，换上干燥的内衣，千万不要穿着湿衣服让冷风吹，以防感冒。

4. 风大雾大不宜室外锻炼。由于冬季气候的特点，主要是温度低，气候干燥，多风。尽管人体对各种气候适应的能力很大，但人的耐受性是有限度的，气温突然大幅度下降，风势猛然增大，此时不宜进行户外锻炼，特别是体弱和锻炼基础较差的人，更应该注意。其次，大雾天也不宜进行锻炼。雾是地面上的水蒸气遇冷后，与飞起的尘土凝结成不透明的小水点浮游在近地面的空间而形成的。在大雾的时候，不仅空气中的水分多、尘

冬季运动要注意保暖

土多，而且气压较低，呼吸困难，汗液不易蒸发，再加上视线看不清楚，在车辆较多的野外或马路上练长跑，可能发生意外危险。所以在大雾时不宜做剧烈的运动。大雾天时，可以在室内做体操、打拳等活动。雾气稀薄时，也不宜在室外做剧烈运动，如径赛的项目或剧烈的球类活动等；至于一般的体操和器械体操，以及缓和的球类活动还是可以进行的。有雾的时候，空气流动得很慢，比平时要稳定得多，越是山凹或是低洼的地方，雾气就越重。所以，最好选择比较空旷或较高的地方进行活动，因为高地空气流动性较大，雾气较薄，因此，雾季做爬山登高的活动更为合适，但一定要注意安全。

各类运动指南针

GELEIYUNDONGZHINANZHEN

跑　步

跑步是人们喜受的体育运动，每天坚持跑步既锻炼意志又增强体质。可是不同体质的人要注意选择适合自己的跑步方式。

长　跑

长跑是冬季锻炼身体的最佳手段，通过长跑锻炼可提高呼吸系统和心血管系统的机能，提高人体对外界环境和气候的适应能力，提高机体的免疫力及抗疾病能力。

在日常体育教学中，有多种的长跑的方式：不同距离的跑走交替、400米的耐久跑、50×4米的耐久跑、绕自然地形跑、变速跑、定时跑等，不管什么形式长跑都要注意它的一些事项。

首先，注意长跑的动作要领。在跑步之前做些准备活动，拉伸韧带，做好热身。起跑后，两臂弯曲成90度，随着跑的节奏自然以肩关节为轴前后摆动，前后摆动幅度不要太大，跑步中大腿后蹬要充分有力，前摆到45度左右，这样可使腹部肌肉处在紧张状态；脚尖要朝向跑进方向，落地要轻柔前伸，动作要放松。应采取全脚掌外侧落地然后过度到前掌蹬地的方式。这种方式，腿的后部肌肉比较放松，跑起来省力，但速度较慢，适合青少年。长跑中腹肌应适度紧张，注意提气，这本身就是对呼吸器官功能的训练，也是对腹肌的锻炼。在跑动中，腹部压力增大。腹肌的控制力就能使肚子不致下垂或突起，它对保持身体的健美很有效。

其次，控制好呼吸。长跑属于有氧代谢运动，参与人体各大器官的循环，特别是呼吸系统。正确掌握跑步时的呼吸方法，是练好长跑的重要一环，也是掌握长跑的跑步节奏以及节省体力提高成绩的关键所在。在中长跑中，一些学生初练时，身体往往会出现无意识的紧张，从而导致呼吸不顺畅，并引起胸部和肌肉的紧张，心肺等胸腔内的脏器受到压迫，形成憋气，然后喘粗气跑步。从生理学角度来讲，憋气、喘粗气会使胸内压增大，阻碍静脉血回流，使心输出量减少。而且由于憋气、喘粗气，可反射性地使肌肉持续紧张，限制了组织间的交换，尤其是在氧代谢不足的情况下，更加剧了组织的缺氧，肌肉中的乳酸浓度快速提高，导致身体过早产生疲劳。对初练习长跑者，很容易影响身体动作的规格以及动作的连贯性和奔跑速度。在跑步过程中，人体对氧气的需求量不断增加，因此要很好地注意呼吸方式和节奏。一般情况下，可两步或三步一呼，两步或三步一吸，注意节奏不能起伏过大。吸气方式上，应尽量采用鼻呼吸和口鼻混合呼吸。在长跑刚开始时，由于氧气供应落后于肌肉的活动需要，因此会出现腿沉、胸闷、气喘等现象，特别是经常不锻炼的人感觉会更强，但这是正常的。如果感觉比较难受，应停下来，步行几百米，如感到特别不适，就要停止长跑。

第三，讲究动作与呼吸的配合。在刚开始练习中长跑时，先有意识地练习呼吸的方法以及一些练习呼吸的辅助方法，如肺活量练习等，并过渡到与手臂的摆动相配合，一次或者两次手臂摆动做一次呼吸配合。要注意摆臂的速度刚开始不要过快，反复练习，呼吸与手臂的配合就会慢慢地协调起来，这个阶段是练习长跑的基础，要通过反复强化，加深对奔跑节奏的感觉，为长跑锻炼打下坚实的基础。在进入长跑训练的初始阶段，应突出强调呼吸的自然。因为在刚开始练习时，由于还不熟练，容易造成太在意呼吸与步子的配合，导致动作僵硬，反而形成身体的不协调，呼吸不自然，上下难顾，这时根本谈不上呼吸与步子的紧密配合或呼吸的柔和细长。所以在刚练习时应注意呼吸自然，心静体松，在这个基础上再强调与步子的配合，就会起到更好的效果。最后，逐步建立完整、正确的技术概念，达到长跑的技术要求，即动作规范，呼吸与步子的配合协调、柔和后，应强调呼吸的意识，突出呼吸与步子的紧密配合教学。在这个阶段，跑姿轻松自然，呼吸顺畅，中长跑的测试成绩也会有突飞猛进地提高。而且“极点”出现的时间也越来越短，出现的“极点”反应也越来越小。

第四，跑后放松。长跑后，应及时进行放松运动，以尽快恢复体力和肌肉的力量。跑后放松时，应使身体各部位慢慢放松下来，建议跑完后慢步几百米，来逐渐降低身体的负荷，排除堆积在体内的乳酸，从而恢复体力，减轻身体的不适应感。再做一些力所能及的腰、腹、腿、臂的活动。值得一提的是，对那些立志从事长跑运动的同学来说，如果你在参加健身长跑锻炼的时候，为了获得更好的成绩而采用大强度、大运动量的运动方法，一定会带来不同程度的疲劳，因此跑后恢复更加重要，它是运动训练中的一个重要组成部分。只有采用良好的消除疲劳方法放松肌肉，才能提高训练水平和运动成绩。结合在校学生的实际，比较常用的跑后恢复方法有：①静力性拉伸放松法。它是指由静止开始，缓慢地将所要放松身体部位的肌肉韧带拉长，达到一定程度后静止不动，并保持此拉长状态一段时间，使僵硬疲劳的肌肉得以放松，促进血液循环，并调节紧张的心理。做拉伸放松练习，主要包括肩、臂、背、椎、腰、膝、踝等部位的肌肉和韧带的拉长伸展，重点拉伸放松腰大肌、大腿前后群、内外侧肌肉和小腿肌肉等。②常规按摩放松法。首先，俯卧在垫子上，全身放松，调节呼吸，排除杂念，使全身得到放松。请老师或同学进行按摩放松。按摩身体部位的顺序是肩、背、腰、大腿、小腿等后部肌肉韧带。重点放松按摩腰和大腿的肌肉、韧带。其次，仰卧在垫子上，全身放松，大脑默想“放松、放松……"，并对大腿前群肌肉、韧带进行放松。最后，点按"合谷"、"足三里"、"肾俞"三穴，每穴点按30～60秒钟，结束全身按摩。

长跑健身对于青少年来说，每周进行3次就足够了，其他时间可选择其他锻炼方式。

慢 跑

慢跑被称为"有氧代谢运动之王"，风靡全球，深受人们喜爱。

慢跑主要有以下几点好处：

1. 快乐减压，保持好心情

有研究表明，及时减压、消除沮丧心情，最好的办法就是跑步。大多数沮丧者是因为缺乏运动，而跑步又是一种有氧运动，除了活动筋骨、肌肉之外，还能分散注意力。跑步时，人的身体会获得新的感受，这种感受，会使人忽略因心情沮丧而引起的不适。心理学家的研究表明，心情沮丧的原因是脑神经元中缺乏荷尔蒙。跑步时，荷尔蒙增加，跑步后，荷尔蒙分泌量还能增高，所以，跑步能消除人的沮丧心理。运动心理学家主张，不要等到出现了沮丧心情时才去跑步，最好平常也进行跑步健身，以促进人体内荷尔蒙分泌量的增加。这样，即使遇到不如意的事，也不至于产生沮丧心情，即使产生沮丧心情，也较轻微，不会使人长期郁闷。青少年学习压力大，在学习过程中，烦闷或者沮丧时，可以通过慢跑的方式来调节心情。

2. 有效减肥

有氧训练是减肥、强身的一个重要手段，它包括健身操、跑步、蹬自行车等。而慢跑是有氧训练中一个最简单、有效的方法。消耗脂肪的关键之一是尽量用接近你的无氧界限无氧阈的运动强度跑步，因此通过跑步减肥要注意跑步时间和速度。一般的有氧练习的时间是20～60分钟，过度了会造成肌肉疲劳和关节磨损。速度上不能太快，把有氧运动的心率范围控制在（220－年龄）×（60%～80%）以内。

3. 有利健康

慢跑有助于增强呼吸功能，可使肺活量增加，慢跑时所供给的氧气较静坐时可多8~12倍；可使心肌增强、增厚，具有锻炼心脏、保护心脏的作用。多年从事慢跑运动老人的心脏大小及功能与不参加锻炼的20岁的年轻人的心脏无异；慢跑还可使血流增快、血管弹性增强，具有活血祛瘀、改善血液循环的作用；可控制体重，预防动脉硬化，调整大脑皮层的兴奋和抑制过程，消除大脑疲劳；还能改善视觉记忆力。德国研究人员发现，双脚拍击地面可增强专注程度，并改善视觉记忆力，因此慢跑对身体有益，至少有助于大脑健康。

慢跑的技巧

1. 慢跑原则：慢跑速度应依体力而定，宜慢不宜快，以自然的步伐轻松地向前行进，以循序渐进、持之以恒为原则。

2. 选择适当的呼吸方法：慢跑时，全身肌肉要放松，呼吸要深长，缓缓而有节奏，可两步一呼、两步一吸，亦可三步一呼、三步一吸，宜用腹部深呼吸，吸气时鼓腹，呼气时收腹。尽量用鼻子呼吸，这样可有效地防止咽炎、气管炎。

3. 姿势要领：慢跑的姿式为眼视前方，上体略向前倾与地平面成85度左右。肘关节前屈呈90度平行置于体侧，双手松握空拳，略抬头挺胸，保证胸廓的正常扩张。双脚交替腾空、蹬地，脚掌离地约10厘米。跑时脚的前半部先着地，蹬地时亦为前半部用力，而不能整个脚掌同时着地或用力，脚掌不应有擦地动作，否则会加大前进阻力，易使脚掌疲劳、碰伤甚至摔倒。

4. 掌握节奏：慢跑的运动量以每天跑20~30分钟为宜，但必须长期坚持方能奏效。慢跑运动可分为原地跑、自由跑和定量跑等。原地跑即原地不动地进行慢跑，开始每次可跑50~100步，循序渐进，逐渐增多，持续4~6个月之后，每次可增加至500~800步。高抬腿跑可加大运动强度。自由跑是根据自己的情况随时改变跑的速度，不限距离和时间。定量跑有时间和距离限制，即在一定时间内跑完一定的距离，从多到少，逐步增加。

5. 慢跑思想：慢跑其实最重要的是坚持！这点尤为重要。因为有时跑步的愿望会突然消失，这就需要将“不能跑”还是“不想跑”加以区分。除去有病时绝对不要跑步，其他情况下则应克服“惰性”，坚持锻炼。慢跑并非一蹴可即，必须日积月累才能达到效果，若只是三分钟的热度或是抱着虎头蛇尾的态度来运动，则无法体会慢跑所带给我们的好处。

另外，就是循序渐进。锻炼初期，跑步的速度以没有不舒服的感觉为限度，跑完的距离以没有吃力的感觉为宜。跑步后可能出现下肢肌肉疼痛，这是正常反应，坚持锻炼几天后这种现象就会消失。不要幻想在短期内取得理想结果，只有经常锻炼才会提高锻炼水平。如果一周只跑一次，跑的距离再长也没有多少益处。因为在中断跑步的 6 天里，身体组织已将跑步带来的好处消耗得一干二净。因此，一周内跑步不得少于 3 次。平常缺乏锻炼的人，一旦决心开始经常性锻炼后，往往运动过量，这样会导致不良后果。

健美操

健美操是时代的产物，是基本体操艺术化、动力化、健身化趋势的反映，也是一项具有实用锻炼价值的运动项目。长期进行健美操锻炼，能够增进健康，增强体质，改善体型体态，矫正畸形，调节心理活动，陶冶美好情操，提高神经系统机能，培养顽强的意志品质。

跳健美操的好处

1. 增强体制，增进健康

经常从事健美操锻炼，对身体许多器官、系统会产生良好的影响。长期参加健美操锻炼可以使心肌增厚，心腔容量增大，血管弹性增强，进而提高心脏的功能，使心搏有利、心输出量增加，从而提高全身供氧能力。

健美操锻炼对呼吸系统的机能也有良好的影响。它能提高呼吸深度，增加每次呼吸时的气体交换量，这既有利于呼吸肌的休息又可提高呼吸系统的功能储备，从而保证在激烈运动时满足气体交换的需要，提高技能水平。健美操锻炼还能提高消化系统的机能。因为肌肉活动可消耗大量能源，加之健美操的髋部全方位活动比较多，刺激了肠胃蠕动，可增强消化机能，有助于营养物质的吸收和利用，从而提高对疾病的抵抗能力。经常进行健美操锻炼，还可以提高关节灵活性，增强肌肉和集体组织的弹性。

2. 提高神经系统机能，发展身体素质

健美操是在中枢神经系统的支配调解下进行的。反过来，通过健美操锻炼也能提高中枢神经系统的机能水平。它能够提高神经过程的强度、集中人力、均衡能力和灵活性，使人的视野广阔，感觉敏锐，分析综合能力增强，生命力旺盛。同时，还可以提高人体的全面身体素质。健美操是一项要求力度和腹部的身体练习，经常参加健美操运动可使肌肉的力量得到增强，肌腱、韧带、肌肉的弹性得以提高，从而发展了人体的力量和柔韧素质。体育锻炼中肌肉经常要工作到极限，产生酸痛和疲劳，而健美操是在强劲的音乐伴奏下进行的，可以使人忘我投入，在不知不觉中提高了身体的多方面素质。健美操动作的路线、方向、速度、类型、力度的不断变化，可以加强人的动作记忆和再现力，提高神经系统的灵活性和均衡性，全面发展的协调性。健美操是具有较强艺术性的运动项目，经常从事该运动，可以增强节奏感、韵律感等提高认识美、鉴赏美、表现美和创造美的能力。

3. 塑造形体美，培养端庄体态

“形体”分为姿态和体型。姿态即从我们平时的一举一动表现出来的行为习惯，受后天因素的影响较大。而体型则是我们身体的外形，虽然体育锻炼可适当改善体型外貌，但相对来说遗传因素起决定性作用。良好的身体姿态是形成一个人气质风度的重要因素。健美操练习的动作要求和身体姿态要求与我们日常生活中的状态要求基本一致，因此，通过长期的健美操练习可改善不良的身体状态，形成优美的体态，从而在日常生活中表现出一种良好的气质与修养，给人以朝气蓬勃、健康向上的感觉。健美操运动还可塑造健美的体型。通过健美操练习尤其是力量练习，可使骨骼粗壮、肌肉围度增大，从而弥补先天的体型缺陷，使人变得匀称健美。其次，健美操练习还可消除体内和体表多余的脂肪，维持人体吸收与消耗的平衡，降低体重，保持健美的体型。

4. 调节心理活动，陶冶美好情操

健美操是在音乐伴奏下进行的身体练习。通过健美操练习，不仅能形成美的体魄，而且对人的心理状态也有良好的影响。通过优美明快的音乐节奏、活泼愉快的形体动作，使人陶醉在美的韵律之中，很快排除心理上的紧张和烦恼，身心得到全面调节，精神面貌和气质修养都会有所改善和提高。特别是健美操是一种群体运动，在集体场所进行，能使练习者体验到个人与集体的关系，把“我”置于“我们”之中，起到协调人与人之间的关系的作用。通过集体配合练习，还有助于增进友谊，结交朋友，提高群体意识。

5. 缓解精神压力，娱乐身心功能

随着时代的发展和社会的进步，人们在享受科学技术所带来的舒适生活和各种便利的同时，也受到了来自方方面面的精神压力。研究证明，长期的精神压力不仅会引起各种心理疾患，而且许多疾病也与精神压力有关，如高血压、癌症等。体育运动可缓解精神压力，预防各种疾病的产生是科学研究已证实的事实。而健美操作为一项体育运动，以其动作优美、协调、锻炼身体全面，同时有节奏强烈的音乐伴奏而著称，是缓解精神压力的一剂良方。在轻松优美的健美操锻炼中，练习者的注意力从烦恼的事情上转移开，忘掉失意与压抑，尽情享受健美操运动所带来的欢乐，得到内心的安宁，从而缓解精神压力，使人具有更强的活力和最佳的心态。

健美操锻炼还能增强人们的社会交往。目前，无论是国外还是国内，人们参加健美操锻炼的方式是去健身房，在健美操教练的带领和指导下集体练习，而参与健美操锻炼的人来自社会的各阶层。青少年参加健美操锻炼可以结交许多不同的人，促进人际交往能力，同时还可扩大视野。大家一起跳、一起锻炼，共同欢乐、互相鼓励，有些人因此成为终身的朋友。因此，健美操锻炼不仅能强身健体，同时还具有娱乐功能，可使人在锻炼中得到一种精神享受，满足人们的心理需要。

注意事项

1. 要合理安排锻炼计划，循序渐进。锻炼者要根据自身体质安排健美操运动的时间、强度、练习组数等。有慢性病的人要在医生的指导下进行锻炼，心血管疾病患者应减少剧烈运动，避免快速旋转头部和突发性动作，患重感冒时最好停止健美操运动。健美操锻炼开始时不要做太长时间，以10分钟为宜，应采取步伐走动的方式，使身体和下肢有充分的时间适应。步伐走动之前，先做热身和适当的伸展运动，特别是下肢的适度伸展非常重要。天冷时，热身时间要长，并多穿些衣服。步伐走动前后，测一下自己每分钟脉搏数并记录下来供参考。长时间锻炼后，心肺耐力会增加，心率会降低，运动后心跳恢复正常较快。初学者以每周两三次，隔日为宜。然后可适当增加次数，直到自己感觉适量为止，绝对不要勉强。

2. 进食2小时后再进行锻炼。一般进食后间隔2个小时才可进行健美操锻炼。因为进食后胃中食物充盈，立即运动会影响消化，容易出现腹痛、恶心等症状。而且运动前应吃些易于消化的食物，运动后应休息30分钟后再进食。但是切忌空腹进行锻炼，如果长期空腹锻炼，会导致体重急剧下降，脏器功能受损，产生疾患，影响健康。

3. 衣物的选择。最好选择有弹性、纯棉、柔软、舒适的服装。每次练习后，要及时清洗服装，保持服装干爽。鞋子不仅要大小合适，而且要有衬垫，并具备一定的弹性和弯曲性，切忌穿高跟鞋和厚底鞋。青春期的女生在做操时要戴好文胸，以承托力较强的为好；同时在生理期不要进行过量的锻炼。

4. 注意卫生。健美操运动后，要及时更换汗湿的衣服，避免着凉，尤其是在空调房内。运动后应做些伸展运动再行淋浴。另外，经常做健美操者，要留心自己的脚部，常修剪脚趾甲，断的脚趾甲会扎破皮肤，使脚趾发炎。

游　泳

人在水中游泳，两臂划水同时两腿打水或蹬水，全身肌肉群都参加了活动，可促使全身的肌肉得到良好的锻炼，因而它对疾病的治疗也是一种综合性、全身性的治疗。

游泳对人体的好处

通过游泳锻炼，可增强人体神经系统的功能，改善血液循环，提高对营养物质的消化和吸收，从而能增强体质，增强对疾病的抵抗力，并获得良好的治疗效果。尤其是与上肢摆动划水有关的胸大肌、三角肌、肱三头肌和上半身的背部肌群，会变得比较发达。游泳是在阳光、空气、冷水三浴兼并的良好的自然环境中进行的体育运动项目，从而集中了阳光浴、空气浴和冷水浴对人的所有疗效。日光与空气是游泳使人健康的主要因素。适当的阳光，可以活动皮肤中的某种固醇，变成维生素 D，充分的维生素 D 可促进骨骼的正常生长发育，防止软骨病。日光还可增加人对疾病的抵抗力，使血液杀菌力增强，增加新陈代谢，促进睡眠。新鲜的空气会使人的精神振奋，体力充沛。

1. 增强心肌功能

人在水中运动时，各器官都参与其中，耗能多，血液循环也随之加快，以供给运动器官更多的营养物质。血液速度的加快，会增加心脏的负荷，使其跳动频率加快，收缩强而有力。经常游泳的人，心脏功能极好。一般人的心率为 70 ~ 80 次/分，每搏输出量为 60 ~ 80 毫升。而经常游泳的人心率可达 50～55 次/分，很多优秀的游泳运动员，心率可达 38～46 次/分，每搏输出量高达 90～120 毫升。游泳时水的作用使肢体血液易于回流心脏，使心率加快。长期游泳会有明显的心脏运动性增大，收缩有力，血管壁厚度增加弹性加大，每搏输出血量增加。所以，游泳可以锻炼出一颗强而有力的心脏。

2. 加强肺部功能

呼吸主要靠肺，肺功能的强弱由呼吸肌功能的强弱来决定，运动是改善和提高肺活量的有效手段之一。据测定：游泳时人的胸部要受到 12～15 千克的压力，加上冷水刺激肌肉紧缩，呼吸感到困难，迫使人用力呼吸，加大呼吸深度，这样吸入的氧气量才能满足机体的需求。一般人的肺活量大概为 3200 毫升，呼吸差仅为 4～8 厘米，剧烈运动时的最大吸氧量为 2.5～3 升/分，比安静时大 10 倍；而游泳运动员的肺活量可高达 4000～7000毫升，呼吸差达到 12～15 厘米，剧烈运动时的最大吸氧量为 4.5～7.5 升/分，比安静时增大 20 倍。游泳促使人呼吸肌发达，胸围增大，肺活量增加，而且吸气时肺泡开放更多，换气顺畅，对健康极为有利。

3. 增强抵抗力

游泳池的水温常为 26～28℃，在水中浸泡散热快，耗能大。为尽快补充身体散发的热量，以供冷热平衡的需要，神经系统便快速做出反应，使人体新陈代谢加快，增强人体对外界的适应能力，抵御寒冷。经常参加冬泳的人，由于体温调节功能改善，就不容易伤风感冒，还能提高人体内分泌功能，使脑垂体功能增加，从而提高对疾病的抵抗力和免疫力。

4. 减肥

游泳时身体直接浸泡在水中，水不仅阻力大，而且导热性能也非常好，散热速度快，因而消耗热量多。就好比一个刚煮熟的鸡蛋，在空气中的冷却速度，远远不如在冷水中快。实验证明：人在标准游泳池中跑步 20 分钟所消耗的热量，相当于同样速度在陆地上的 1 小时，在 14℃的水中停留 1

分钟所消耗的热量高达 100 千卡，相当于在同温度空气中 1 小时所散发的热量。由此可见，在水中运动，会使许多想减肥的人，取得事半功倍的效果，所以，游泳是保持身材最有效的运动之一。

5. 护肤

人在游泳时，水对肌肤、汗腺、脂肪腺的冲刷，起到了很好的按摩作用，促进了血液循环，使皮肤光滑有弹性。此外，在水中运动时，大大减少了汗液中盐分对皮肤的刺激。

另外，游泳还可以陶冶情操，锻炼意志，青少年应该多参加，但要做好防护措施。

游泳时的卫生保健

1. 游泳不可在饭前或者饭后进行。空腹游泳影响食欲和消化功能，也会在游泳中发生头昏乏力等意外情况；饱腹游泳亦会影响消化功能，还会产生胃痉挛，甚至呕吐、腹痛现象。

2. 切忌在剧烈运动后游泳。剧烈运动后马上游泳，会使心脏负担加重，体温的急剧下降，会导致抵抗力减弱，引起感冒、咽喉炎等。

3. 游泳要穿合适的游泳衣。不可在不穿游泳衣的情况下下水，普通衣物吸水性强，会导致身体下坠，产生意外。

4. 青春期的女生，在生理期不要游泳。因为此时女性生殖系统抵抗力弱，游泳易使病菌进入子宫、输卵管等处，引起感染。

此外，夏季的户外游泳要注意防晒；切忌在禁止游泳的地方下水；游泳要掌握好时间，不要超过自己身体的承受力，造成游泳后体力不支。

溺水时的急救措施

在游泳锻炼中出现溺水时，水经口鼻进入肺内，造成呼吸道阻塞，或因吸水的刺激引起喉痉挛，使气体不能进出，引起窒息，时间稍长，就有生命危险。溺水者被救上岸后，首先应迅速清理口鼻内的分泌物及其他异物，如有活动假牙也应卸下取出，以免坠入气管引起窒息。随后立即进行控水，急救者一腿跪地，另一腿屈膝而立将溺水者伏在其膝盖上，使其头部下垂，按压其腹、背部，使溺水者口、嘴及气管内的水排出。

控水后立即检查溺水者呼吸、心跳情况，如果心跳、呼吸都停止了，应就地进行人工呼吸和心脏按压术。有条件时可以在运输工具上施行复苏术，同时将病人送往就近的医疗急救单位，切忌不做任何抢救就将溺水者送往医院，因为这样会使溺水者脑缺氧时间过长，生命无法挽救。

足　球

现代足球运动被称为世界第一运动，许多青少年都喜欢踢足球，大家争夺，追赶同一个球，并向对手的区域发起进攻，场上情况千变万化，魅力无穷。足球运动是除不能用手及手臂以外，可用身体各部位接触的体育运动。踢足球不仅可以锻炼身体，还可以培养良好的意志品质，在中学生中开展足球运动，提高足球运动水平，是非常有意义的。

对于刚接触足球的青少年来讲，一定要从头开始，掌握技巧，才能真正领略足球的风采。

1. 熟悉球性练习

双手持球，按照头、颈、胸、腰、腿的顺序，使球在身体周围绕环，注意不要让球远离身体。如果双手持球绕环的动作掌握以后，可以练习单手持球绕环，还可以尝试用其他的练习方法。行进间的手运球与抛接球，尽可能地用身体各个部位多接触球，加强与球之间的配合。在手的帮助下进行身体主要部位的颠球，在一定熟悉情况下进行无手的控球、颠球。

2. 运球

脚背外侧运球：支撑腿微屈，立于球侧后，踢球脚脚面绷起，脚尖内扣，用脚背外侧触球的后中部，将球推送到身体前 1 ~1.5 米，身体迅速跟上，不影响跑进速度。

脚背内侧运球：上体前倾并稍向运球方向转动，运球脚提起时，膝关节稍弯曲，脚跟提起，脚尖稍外转，在迈步前伸着地前，用脚背内侧推拨球。

脚内侧运球：支撑脚踏在球的前侧方，膝关节稍弯曲，上体前倾并向里转，随着身体的向前移动，运球脚提起用脚内侧推球的后中部。

练习方法：走中直线运球，体会触球部位。慢跑中直线运球，注意抬头观察，保持人与球1米左右的距离。曲线运球，任意向各个方向运球，体会身体重心的移动，合理运用触球部位，运球过障碍物，练习人对球的控制。运球过人，二人一组一人运球过人，另一人防守抢断，轮流进行，运球人积极变向，控制运球速度，急起急停。运球中传接球，二人一组甲运球中将球传给乙，乙接球后再在运球中将球传给甲，连续进行。

3. 踢球

脚背正面踢球：脚背正面踢球力量大、速度快，主要用于射门。动作要领：直线助跑；立足脚立于球侧，膝微曲；摆动腿，大腿带小腿由后向前摆膝关节摆至球上方时，小腿加速前摆；踢球时，脚面绷直用正面部位踢球的后中部；踢球后，身体顺势前移维持身体平衡。练习方法：无球模仿踢球动作。二人一组踢固定球，一人踩住球，另一人练习踢球，注意触球部位，击球时踝关节一定要紧，对墙踢球，力量不要太大，体会踢球动作。射门练习，可先踢固定球，然后在运球中进行射门。

脚背内侧踢球：脚背内侧踢球也叫内脚背踢球，出球高，常用于过头顶的长传球、任意球和射门。动作要领：成45度斜线助跑；支撑脚立于球的侧后方，膝微曲，脚尖指向出球方向；踢球腿大腿带小腿向前摆，膝接近球的内侧垂直上方时，小腿加速；踢球时，脚尖稍外转，指向斜下方，脚面绷直，用脚背内侧踢球的下中部；踢球后，继续自然前摆。练习方法：指定高度对墙踢球，三人一组，一人站中间，一人把球踢过头顶传向另一人，通过尝试练习，其眼、耳、身手等各种机能在大脑的统一指挥下进行尝试练习。

脚内侧踢球：脚内侧踢球也叫脚弓踢球，与球接触面大，踢球准确，动作小、出球快，经常用于中、近距离的传球和射门。动作要领：支撑脚踏在球侧10~15厘米处，脚尖正对出球方向；踢球腿摆动时，大腿带动小腿加速前摆，同时膝盖和脚外展，脚尖勾起，脚腕用力绷紧，用脚内侧击球后中部。练习方法：无球模仿，体会摆腿动作。踢固定球，二人一组一人脚踩球另一人踢球，体会触球部位。对墙踢球，一人一球对墙练习踢球动作。二人一组练习踢球，连续踢球，行进间练习传接球等。

4. 停球

脚内侧停球：支撑脚正对来球，膝关节微曲，停球腿曲膝外转并前迎。脚尖稍翘起，当脚与球接触前的一刹那开始后撤，在后撤过程中用脚内侧接触球，把球控制在衔接下一个动作需要的位置上。如果需要将球停到自己的侧后方，在停球撤到支撑脚的侧方时，再继续以髋关节外转和腿后引的动作将球引向侧后方，同时以支撑脚脚掌为轴使身体转向出球方向。脚内侧停地滚球时还可用挡压法。当球运行到支撑脚的侧方或侧前方时，停球脚以脚内侧挡压球的后上部，同时稍下膝。挡压球的力量大小要随来球力量大小而有所增减；来球力量大，挡压力量要小些；来球缓慢，挡压力量可稍大些。当需要将球停到支撑脚外侧时，停球脚的脚尖稍向前，脚内侧挡压球侧后上部，同时脚尖里转，支撑脚以前脚掌为轴身体转向出球方向。

脚掌停球动作要领：脚掌停地滚球动作要领，支撑脚站在球的侧后方，膝关节微曲，脚尖正对球，同时停球脚提起，膝关节自然弯曲，脚尖翘起高过脚跟（脚跟离地面稍低于球），踝关节放松，用脚前掌触球的中上部；脚掌停反弹球动作要领，停反弹球时，支撑脚踏在球落点的侧后方。当球着地一刹那，用脚前掌对准球的反弹路线，触球的后上部。如需要把球停到身后时，在脚掌接触球的刹那，脚尖稍大压并做回拉，并以支撑脚为轴快速转身。

脚背正面停球动作要领：判断来球方向，身体重心放在支撑脚上，膝关节微曲，停球脚提起迎球，脚背正面对准来球。当脚与球接触前的刹那

踢球动作

开始下撤，缓冲来球力量，使球落在体前需要的位置上。

胸部停球动作要领：收胸式停球，一般用来停胸部高度的平直球。准备停球时，面对来球，两脚前后开立，两臂自然张开，重心前移，挺胸迎球。当球运行到与胸部接触前的刹那，重心迅速后移，收胸、收腹挡住球，以缓冲来球力量，把球停在身前。如果要把球停向左（右）侧时，则应在接触球前的刹那向左（右）侧转体，并用同侧胸部触球；挺胸式停球，一般高于胸部的下落球，可采用挺胸停球方法。准备停球时，面对来球，收下颚，两臂自然张开，两脚前后开立，重心落在两脚之间，两膝微曲，当球运行到与胸部接触前的刹那，两脚蹬地稍上挺，同时展腹，上体稍后仰和挺胸动作使球弹起改变运行路线然后落于体前。

大腿停球：一般运用于弧度较大的高空下落球，或平行于大腿高度的来球。对来球，停球腿大腿抬起，以大腿中部对准下落的球，肌肉适当放松。在大腿与球接触前的刹那，大腿迅速撤引挡球，使球落于衔接下一动作的需要位置。停低平时，面对来球，停球腿以大腿中部对准来球，肌肉适当放松，屈膝稍前迎。当大腿与球接触前的刹那，快速后撤挡球，使球落在衔接下一动作的位置上。

足球是一项对抗性很强的体育运动，身体冲撞力度大，青少年踢足球时一定要掌握好强度，放慢足球比赛的节奏，尽量避免运动损伤。另外，运动场地要选择在空旷的平地，最好在操场上，不要在马路上和车辆密集地踢球，容易引发交通事故。

篮 球

篮球场上汗流浃背的会让你的身体得到充分的伸展，使你血液流通，精神百倍。不仅可以增强体质，还可以愉悦身心。

青少年经常打篮球，可以锻炼身体，有助于血液循环和新陈代谢，有助于增高，有益于骨骼的生长发育，使身手灵巧。同时可以使自己反应、思维敏捷，有助大脑的运转，有利于学习，放松心情，释放所要面对的各种压力，调节紧张的学习、工作生活。还可以增强团队合作能力，培养团队精神，结交更多的朋友。

基本功

投篮姿势：两脚自然分开，正对球篮，身体与篮板平行。要把篮球放在手上，掌心留出空，掌的边缘要贴紧。手指自然分开，贴紧篮球。大臂与地面平行，小臂与地面垂直，手掌基本与地面平行。投球时，手腕用力，用食指和中指拨动篮球，腰部、大腿配合用力。

运球姿势：运球时，要以肘为轴，小臂随着篮球动，球最高为到肘关节，即小臂与地面平行。

传球姿势：自然下蹲，双手分开，手指向上，两手对峙，不超过直径，传球时，拇指、食指、中指拨动篮球，旋转出手。接球时，要掌握落点，接到球后，快速收到胸前，可练习快速传出。

自传自接：与传球相似，平行传出，可以左右，前后滑步，按球的落点，调整人站的位置，滑步要迅速、自然，传接速度要快。

过人姿势：两脚均可作为轴心，在选从左边或右边运球过人时，侧左身或右身，快速通过。

蛇行跑：向右跑时，右手拍球，右脚在后，左脚在前。向右前方移动。

停的时候左脚在后，右脚在前。这时向右转，左脚在前，右脚在后，球从右手传到左手，向左跑，与上述动作相反重复做。

转身投篮：背对篮板，双手持球两肘自然在胸前分开，手指向上。两腿微蹲内扣以行进间转身行进间投球。

螃蟹步：向右移动时两脚内扣比肩略宽做马步重心在后两手抬起跨右脚向右前方一步，左脚跟上保持两脚内扣比肩略宽做马步重心在后两手抬起的姿势。然后重复动作向右前方。当右脚再次向右前方移动时，在左后方的左脚向左前方移动，重心由右改为左，移动方式与上述相反。

控球技巧

持球：使用五根手指持球，并将手指向内紧缩。在球落下的一刻使用手掌接住。

躯干盘球：将球放在腰际盘旋，这个动作的关键在于脸面朝前，同时眼睛不要看着球，然后做顺时钟、逆时钟的盘球练习。

颈部盘球：将球沿着颈部环绕练习，这个练习同样脸面朝前，颈部切忌不可移动，并且做正、反时针方向的交替练习。

单脚盘球：两脚分开并且重心放低，持球在单脚一侧做盘球练习。眼睛不要看球，并利用左、右脚做正、反时针方向的交替练习。

篮球动作

跨下前后抛球：两脚分开同时重心放低。将球从前方轻抛到后方，两手迅速由后方接住球，并将球轻抛回前方，如此反复计时练习，试试看 30

秒内能完成几次。

膝部盘球：两脚稍微靠拢同时身体重心放低，将球沿着两膝做盘球练习。眼睛不要看球，并按正、反时针方向交替练习。

跨下8字自行盘球：这是单脚盘球的应用，将球沿着双脚在跨下做8字形的盘球，同时眼睛不要看着球，并按正、反时针方向交替练习。

控球面对防守时最怕被拍，背对防守时最怕被掏。在面对防守时，对方有两种抢断法：一种是，在你右手控球时上一大步，其身体贴在你身体右侧，胳臂长伸，插入你身体与球之间，将球拍掉；另一种是在你右手换左手过人时上一小步，胳膊正好放在你球线上，等你把球送入他手中。对付第一种断法，只需在对手冲上来时猛一右侧身，用左肩挡在对方前进路线上。对付第二种断法，记住球控低一点就行了。在背对防守时，对方往往又逼又掏，这时不要慌张，在保护好球的情况下，使用转身过人方法，就可轻松摆脱。记住一点，转身动作要快，要在对方反应过来之前完成动作。

传球方式

胸前传球：从胸前传球快速、有效，是最常用的传球方式。双手持球的预备站位面向要传球的队友，抬头、屈膝，手指张开，将球持在胸前，两肘微向外，伸臂向外推球时，向前跨出一步，球出手时手指向上、向前推。

双手击地传球：击地传球通常用来将球从防守队友张开的手臂下传出。双手击地传球的技术要领与上面讲到的从胸前传球一样，只是球传出时手指向下用力，使球碰地板反弹后，到达接球队友的腰部位置。

低手传球：低手传球是一种近距离的传球，通常用于将球传递给离自己较近的队友。用手指托住球的下半部，伸臂出球时，向传球方向迈一步，做随球动作时固定手腕，也将球传向接球队友的腰部位置。

双手头上传球：我们经常看到在篮球比赛中抢到篮板球的队员用这种

方式将球传给位于远处前场处于有利位置的队友。双手头上传球可以越过防守队员，并且可以传得很远。双手从球的两侧面持球（手指尖朝上），置于头顶，肘部微屈，向传球方向跨一步的同时手腕向后转，球移至脑后，将球向前抛出，手腕向下转发力。

如何跳投

跳投的好处不像原地投篮那样容易被对手封盖。青少年选手可能会因为腿、手臂、肩部及背部肌肉力量不足而做不好跳投，那完全可以暂时放弃，否则因力量不足而造成的错误动作会影响自信心，使以后力量达到要求后也难以获得理想的跳投技术。

跳投的技术要领：双手持球，非投篮手置于球前方或侧方（按你舒服的位置放）。投篮手置于球的后部，双膝微屈，双手持球从胸部上移到眼睛上方，然后双脚向上弹跳。跳起时，曲肘（前臂向后），手腕也向后翻。跳至最高点时，前臂前伸，手腕向前、向下将球投出，随球动作要充分，眼睛要始终盯住篮筐。

如何抢断成功

抢断球是篮球的基本技术之一，抢断可以夺走对手的进攻机会，可以带动一次快速反击，可以使自己的球队打出一轮高潮。如果你抢断成功，对手会极度懊丧。那么如何才能提高抢断的成功率呢？下述方法会对你有所帮助。

第一，要对他进行紧逼。每个球员都有自己习惯的运球手，应紧逼他最习惯的一侧，迫使他背对着你，同时也背对着篮筐。

第二，一旦他转身背对你，你就应紧紧贴住他，并稍稍下蹲，这样你可以向自己的任何一侧迅速移动。同时，还应张开双臂，手掌摊开并要放松，这样一旦有机会便可以出手断球。

第三，只要对手伺机传球，你便可以下手。虽然自始至终他对你都保持高度警惕，防止球被你捅掉，不过，因为要寻找自己的传球伙伴，他总会有一瞬间无法对你集中注意力，他企图传球的一刹那正是抢断的最佳时机。你可以突然伸手将他的球拍落，然后把球捞回来。

需要注意的是，这种动作非常危险，很容易被裁判判成犯规。因此，你最好先将球捅掉，即使你无法得到球，没准你的同伴会候个正着。抢断球也需要下功夫苦练，你可以和同伴进行一对一的练习，一旦苦功下够，必定水到渠成。

注意事项

首先，赛前要身体预热。可以做一些轻微的慢跑，然后尽量四肢肌肉放松，最后是活动手指，要知道篮球用到手指的时候会非常多，确定身体各个关节不僵硬的时候，就可以开始了。

第二，打球前剪掉指甲。在篮球运动中比较容易受伤的部位通常集中在手脚指（趾）甲、手指、膝盖、脚踝和肌肉。在比赛之前一定要剪指甲，因为一个手上简单的传球、抢断，或者脚上的一次突然加速、急停，都可以把过长的指甲翻开。如果不小心指甲翻开，这个时候最好找到附近有自来水的地方，用清洁的水进行冲洗，然后到医院包扎，切不可自己包扎。因为如果这样的话，可能会导致伤口的感染，或者包扎物和伤口的黏连，当医生再次处理的时候就会很麻烦。

投篮动作

第三，不要戴眼镜打篮球。戴眼镜打篮球是很危险的，而且也不利于篮球技术的提高，因为眼睛在脸上会有些干扰，你就算习惯了它也还会给你一些你不注意的干扰，比如它会晃动。所以，带着眼镜，会让你的技术变形，戴隐形的运动眼镜，养成好的习惯，会有利于你的技术发挥。

第四，需要必要的器材保护。篮球比赛对抗激烈，而青少年肌力小、韧带薄，极易出现关节韧带拉伤和扭伤。因此，运动前，除了要穿合适的高腰篮球鞋以外，还应该佩戴护踝、护膝以及护齿等。有的青少年为了追求个性，戴戒指、耳环、鼻环等硬物上场，这些都存在着安全隐患。因为在争抢过程中，这些东西极易将旁人身体划伤。

第五，掌握合理的技术。青少年朋友应注重基本功训练。投、突、运、传、防要有板有眼，掌握了扎实的基本功，将来才会有更大的发展。有的孩子喜欢模仿大牌球星的小动作，比如有人爱模仿乔丹上篮时伸舌头的动作，觉得这样很酷。其实这个动作很危险，如果被防守者碰到下巴，很容易咬伤舌头。另外，张着嘴在篮下跳跃有可能导致门牙被篮网的细绳钩掉，也非常危险。

第六，合理安排运动量。很多青少年打球不知疲倦。长时间的大运动量不但会造成身体机能下降和抵抗力下降，而且会妨碍学习和休息。一般来说，每次运动量控制在 1 小时左右为宜。

街头篮球

街头篮球起源于美国，比赛并不需要在正规的篮球场上进行，在城市广场或街边开阔地划出半个篮球场大小的平坦硬地，树立一个篮球架，即可进行比赛。近几年街头篮球传入我国，在一些大、中城市的广场上已广泛树立起了篮球架，深受人们欢迎。

街头篮球不讲究比赛规则，街球玩家都有自己独有的风格和技巧来赢得观众的赞同和尊重，是一项很具观赏性的活动。正式的篮球比赛被各种规则所限制，但街头篮球的比赛是为了让观众感觉更华丽，所以有些规则是不必遵守的。球砸在对方的头上弹回来或用脚踢和把球弹向墙壁来传球等动作是在街头篮球里才能看到的，这些正是街头篮球的魅力。

街头篮球讲求风格，是因为它体现了篮球的自由性和创意，不同的人有着不同的风格，使篮球更具有观赏性和艺术性。首先要讲的就是服装，最好是穿一些比较大或是 OVER SIZE 的衣服，这样的衣服给人感觉很宽松很舒服，而且在做动作的时候也会觉得很自由，没有什么拘束的感觉。其次就是动作，相信每个打篮球的人都知道 CROSS OVER 这个基本动作，如果想提升自己的控球技术和感觉，那么你一定要熟练这个技术，因为无论多花哨的动作都离不开控球技术，如果你想提炼自己的风格，在街头球场上有一席之地，那么就要练好控球。接着讲的就是街头篮球的意义，其实有许多人都接受不了这种花哨和自由的篮球方式，也许是因为传统的篮球教育，因为死板的篮球规则，还有技术水平的限制。然而街头篮球就是脱离了许多的限制，达到一种艺术的表现形式，使它比正统的篮球比赛更具有观赏性和娱乐性。打街头篮球当然是为了赢，但是你不要误会，这并不是为了赢得比赛的胜利，而是赢得观众的赞同和欢呼声，使观众也一起融入到比赛中去，那才是真正的胜利，真正的街头篮球。

羽毛球

羽毛球运动是一种全身运动项目，无论是进行有规则的羽毛球比赛还是作为一般性的健身活动，都要在场地上不停地进行脚步移动、跳跃、转体、挥拍，合理地运用各种击球技术和步法将球在场上往返对击，从而增大了上肢、下肢和腰部肌肉的力量，加快了锻炼者全身血液循环，增强了心血管系统和呼吸系统的功能。据统计，大强度羽毛球运动者的心率可达到 160 ~ 180 次/分，中强度心率可达到 140 ~ 150 次/分，低强度运动心率也可达到 100 ~ 130 次/分。长期进行羽毛球锻炼，可使心跳强而有力，肺活量加大，耐久力提高。此外，羽毛球运动要求练习者在短时间对瞬息万变的球路作出判断，果断地进行反击，因此，它能提高人体神经系统的灵敏性和协调性。

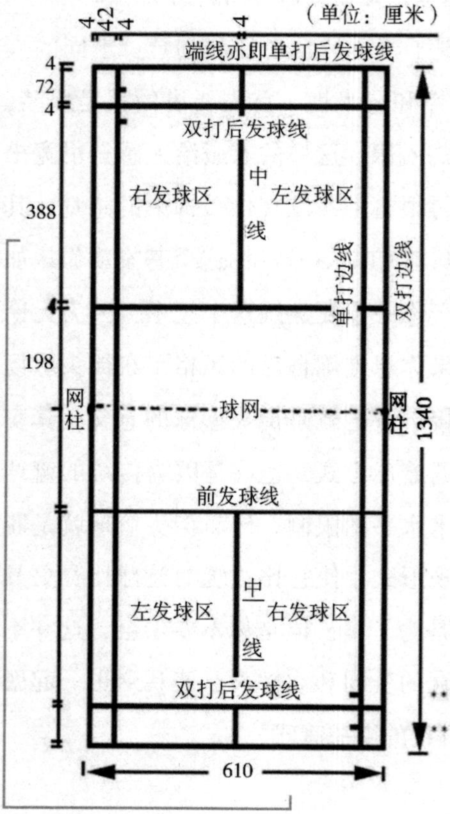

羽毛球场地

击球的基本线路

所谓击球线路是指球被运动员击出后在空中运行的轨迹和场地之间的关系。羽毛球运动员击球线路之多是无法胜数的，以下只研究决定羽毛球线路规律的几条基本线路。

以运动员（右手持拍）正手击出三条球路来分析一下球的路线：第一条从自己的右方打到对方的左方（线路与边线平行），可称为直线；第二条打到对方的右方（线路与边线有较大的角度），可称为对角线；第三条打到对方的中线球（线路与边线有较小的角度），可称为中路。同理，反手后场（中场、前场）的三条基本击球线路，亦可这样称呼。在具体称呼时，可与正手、反手结合在一块。如：正手直线、正手中路、正手对角线、反手对角线等。若在中线击球时，可这样称呼：打到对方场区的左方为左方斜线，打到对方场区的右方为右方斜线，打到中间为中路球。在对羽毛球线路的称呼上应注意如下问题：首先要看击球点和球的落点靠近哪里，击球点靠近右边线，而落点靠近中线，都成为正手中路球；其次要根据击球时所用技术名称，如反手搓球，可成为反手搓直线、反手搓中路球等。

总之，羽毛球的基本线路可分为五条：左方直线、中路直线、右方直线、右方斜线（右方对角线）、左方斜线（左方对角线）。而根据击球运动员站的位置（左、中、右），每个位置又可分别击出直线、中路、斜线，因此又可派生出九条线路来。羽毛球的击球线路之多无法描述，但其基本线路就那么几条，只要掌握了其规律，对于训练、比赛都是很有益的。

跳杀技术

以右手握拍为例，如果你是左手那就相反，其动作要领有以下几点：

1. 准备杀球之前先侧身，左脚在前，两脚的脚尖着地，并且用快速的后退步伐后退，使击球点在你的右肩前上方。因为击球点靠后的话就只能打高球了。

2. 杀球前身体后仰，基本成弓形，这样使你用上全身所有的力量。

3. 杀球前握拍一定要放松，手心和拍柄之间要有缝隙，这是最重要的，因为只有先放松才能用得出力量杀球，否则如果握拍一直很紧的话，手腕的力量就肯定使不出来了。要在杀球的瞬间握紧拍子使劲杀球。

4. 杀球的瞬间靠的是手腕和手指（主要是食指）的爆发力，就像抽鞭子一样，这也是羽毛球所有后场技术都注重的，和网球不一样，绝对不要靠甩大臂来发力，否则球过去后既没有速度又会使你受伤。

5. 起跳的时候大概在球开始下落的时候，并且双腿要先保持微曲的姿势，靠脚尖蹬地的力量起跳杀球，杀球后立即转身，左脚在后且先着地，右脚落地后即回到场地中心位置。

基本战术

单打战术

1. 发球抢攻战术：从发球的第一拍起，争取控制对方，以攻杀得分。这种战术，一般为发网前低球结合平快球、平高球，争取第三拍的主动进攻。用这种战术对付应变能力较差的对手，或实施于比赛的关键时刻，效果往往很好。实施这一战术时，应有高质量的发球予以保证，否则很难成功。

2. 攻后场战术：此战术是通过击高球、重复压对方的底线两角，造成对方的被动，然后寻找机会进攻。用它来对付初学者，或后场还击能力较差，或后退步子较慢以及急于上网的对手是很有效的。

3. 攻前场战术：对网前技术较差的对手，可运用此战术先将其吸引到网前，然后再攻击其后场。采用此战术，自己首先要有较好的网前击球技术。

4. 打四方球战术：若对手步子较慢、体力较差、技术不全面，可以快速准确地攻击对方场区的四个角落，寻找机会向空当进攻。此战术的主要目的是通过打落点，逼迫对方前后奔跑、被动应付，并在其回球质量下降或露出破绽时乘虚而入。

5. 杀、吊上网战术：对对手打来的后场高球，本方先以杀球配合吊球把球下压，落点选在场区的两条边线附近，致使对手被动回球。若对手回网前球时，本方迅速上网搓球、勾对角球或平推球，创造在中场大力扣杀的机会。这种战术必须能很好控制杀、吊球的落点，在使对方被动回球时，才能主动迅速上网。

6. 打对角线战术：对付身体灵活性差、转体较慢的对手，不论是进攻还是防守，均应以打对角线球为主。这样，对方会因移动困难而被动，为我方创造进攻机会。

7. 防守反击战术：在对方主动进攻、我方被动防守时，我方可高质量地接杀挡网；或抓住对方攻杀力量减弱，或落点不好之机会，以平抽底线球还击对方后场，扭转被动局面，并进行反击。

双打战术

1. 攻人战术：集中攻击对方中有明显弱点的人，并伺机攻击另一人因疏忽而露出的空当，或对此人偷袭。双打比赛中的配对选手的技术，一般总有一人好，另一人稍差些。即便两人水平相差不多，但若能集中力量攻击其中一人，也可给其造成很大的心理压力，从而使其出现失误。

2. 攻中路战术：当对方分边站位防守时，将球攻击对方两人的中间；当对方前后站位时，可将球下压或平推两边半场。这样可使对方防守时互相争抢或互让而出现失误。

3. 攻后场战术：对方扣杀能力差，本方可采用平高球、推平球、接杀挑底线，把对方一人紧逼在底线两角移动。当对方被动还击时，则抓住机会大力扣杀。如另一对手后退支援时，即可攻网前空当。

4. 后攻前封战术：当本方处于主动进攻前后站位时，站在后场的队员见高球就杀或吊网前球，迫使对方接球挡网前，这为本方前场队员创造了封网扑杀机会。前场队员要积极封锁网前，迫使对方被动挑高球。一旦对手挑高球达不到后场，就为本方创造了再进攻的机会。

5. 防守反攻战术：在防守中寻找反攻的机会，以便摆脱困境，转被动为主动。例如：挑底线高球，即不论对方从哪里进攻，本方都应设法把球挑到进攻者的另一边底线。如对方正手后场攻直线，就挑对角线，如对方攻对角就挑直线。这是一种较容易争得主动的防守战术，在女子双打中运用更为有效。时机有利，即可运用反抽或挡网前回击对方的杀球，从守中反攻，争得主动权。运用此战术时，要注意挑高球一定要挑到底线，否则将会出现对方连续攻杀而本方无力反击的局面。

初学者应注意事项

1. 力争在身体前上方击球，千万不要让球落至颈部以下高度，否则回击的球就没有攻击力。

2. 握拍手尽可能保持放松，以便最大限度地发挥手腕的力量。

3. 在单打时，每次击球后应立即回到中心位置。在双打防守时则应回到与同伴平行的位置，而在双打进攻时则应与同伴保持前后的位置，在双打发球时，发一短球后应立即向前封网以防对手打短球回击。

4. 在单打时，除非扣球，千万不要把球打在对方的中场，尽可能打两角。

5. 在进行有力的正手或反手击球时，身体应向击球一侧转动以便站稳双脚。

6. 单打发球要尽量高而远，双打发球要短，球的飞行路线要贴近球网的上缘，发球要多变。

7. 在规则允许的范围内尽可能多用假动作迷惑对方，但事先不要流露自己的意图。

8. 打高远球时，要准确地判断球的飞行方向，球要尽可能打得高而且接近对方底线。

9. 吊网前球时，球的路线要短，并尽可能靠近球网。

10. 扣球时应尽可能远离对手或直接命中对方的握拍手或肩。

11. 当你一时不知所措或需要短暂的喘息机会，可打一高远球，然后回到本场中心位置。

12. 对于初学者来说，反手端线通常是其薄弱区域，应注意打其弱点。

13. 在前场回击高球时，应尽量采用扣球，扣球是重要的得分手段，但不要在底线处击出高而短的球，这通常是给对手杀球机会的。

14. 许多运动员有自己的特有打法，因此要善于判断球的落点，及时进入适宜的位置，但千万不要过早暴露自己的动向。

15. 在双打接发球时，要举起球拍迫使对方发低球，如果对方的发球过高，立即上前扑杀。

16. 如果你正在得分，不要改变打法，如果正在失利，则应立即调整文质彬彬的打法，如果你的连续进攻没有奏效，可打一高远球，然后寻找战机重新发起进攻。

羽毛球运动适合于男女老幼，运动量可根据个人年龄、体质、运动水平和场地环境的特点而定。青少年可作为促进生长发育、提高身体机能的有效手段进行锻炼，运动量宜为中强度，活动时间以 40 ~ 50 分钟为宜。适量的羽毛球运动能促进青少年增长身高，能培养青少年自信、勇敢、果断等优良的心理素质。

乒乓球

乒乓球运动是世界上开展十分广泛且深受人们喜爱的一项体育运动。其特点是球小、速度快、旋转强、变化多。设备比较简单，在室内外都可以进行，运动量可大可小，不同年龄的人均可参加。

握拍法

乒乓球握拍方法分为横拍握法和直拍握法，不同的握法各有其优势，从而产生各种不同的打法。

横拍握法：中指、无名指、小指握住拍柄，虎口贴住拍肩，拇指略弯曲紧贴拍面，食指斜伸在球拍的另一面。横拍握法在正手进攻时食指用力，并向上移动；反手攻球时，拇指向下移动。这种握法的特点是正反手攻球力度大，攻削球时握法变化小，反手攻球容易发力也便于拉弧圈。但是正反手交替击球时，需变化球拍面，攻斜、直线时调节拍形的幅度大，易被对方识破。

直拍握法：直拍握法的特点是出手快，正手攻球快速有力，攻斜、直线球时，拍面变化不大，对手难以判断。快攻型：拍前以食指第二指节和拇指中段扣拍，拍后三指弯曲贴于球拍的1/3 的上端。削球型：拇指弯曲紧贴拍柄左侧用力下压，其余四指自然分开托于拍后。弧圈型：拍前以食指第二指节和拇指中断扣拍，其他三指自然伸直，中指第一指节顶住球拍的背面中间。

无论哪一种握法，握拍都不应过紧或过松，也不宜握拍太浅。在调节拍面角度时，要充分利用手指的作用，并且不可以经常变化握拍方法。

基本技术

发　球

发球动作只有两部分组成。一只手的上抛动作：上抛高度大于等于 16

厘米，上抛动作要在球台端线外、高于台面且需垂直上抛；另一只手的挥拍动作：若按照新规则，要高于台面，并且要使两侧居中的裁判和对方运动员的视线，能看清动作。

发球方式有以下几种：

1. 正手发奔球：其特点是球速急、落点长、冲力大，发至对方右大角或中左位置，对对方威胁较大。动作要领：①抛球不宜太高；②提高击球瞬间的挥拍速度；③第一落点要靠近本方台面的端线；④点与网同高或稍低于网。

2. 反手发急球与发急下旋球：其特点是球速快、弧线低、前冲大，迫使对方后退接球，有利于抢攻，常与发急下旋球配合使用。动作要点：①击球点应在身体的左前侧与网同高或比网稍低；②注意手腕抖动发力；③第一落点在本方台区的端线附近。

3. 发短球：其特点是击球动作小，出手快，球落到对方台面后的第二跳下不出台，使对方不易发力抢拉、冲或抢攻。动作要点：①抛球不宜太高；②击球时，手腕的力量大于前臂的力量；③发球的第一落点在球台，不要离网太近；④发球动作尽量与发长球相似，使对方不易判断。

4. 正手发转与不转球：其特点是球速较慢，前冲力小，主要用相似发球动作，制造旋转变化去迷惑对方，造成对方接发球失误或为自己抢攻创造机会。动作要点：①抛球不宜太高；②发转球时，拍面稍后仰，切球中下部；越是加转球，越应注意手臂的前送动作；③发不转球时，击球瞬间减小拍面后仰角度，增加前推的力量。

5. 正手发左侧上（下）旋球：其特点是，左侧上（下）旋转力较强，对方挡球时向其右侧上（下）方反弹，一般站在中线偏左或侧身发球。动作要点：①发球时要收腹，击球点不可远离身体；②尽量加大由右向左挥动的幅度和弧线，以增强侧旋强度；③发左侧上旋时，击球瞬间手腕快速内收，球拍从球的正中向左上方摩擦；④发左侧下旋时，拍面稍后仰，球拍从球的中下部向左下方摩擦。

6. 反手发右侧上（下）旋球：其特点是，右侧上（下）旋球力强，对方挡住后，向其左侧上（下）反弹。发球落点以左方斜线长球配合中右近网短球为佳。动作要点：①注意收腹和转腰动作；②充分利用手腕转动配合前臂发力；③发右侧上下旋球时，击球瞬间球拍从球的中部向右上方摩擦，手腕有一个上勾动作；④发右侧旋球时，拍面稍后仰，击球瞬间球拍从球的中下部向右侧下摩擦。

7. 下蹲发球：其特点是，下蹲发球属于上手类发球，我国运动员早在50年代就开始使用。横拍选手发下蹲球比直拍选手方便些，直拍选手发球时需变化握拍方法，即将食指移放到球拍的背面。下蹲发球可以发出左侧旋和右侧旋，在对方不适应的情况下，威胁很大，关键时候发出高质量的球，往往能直接得分。动作要点：①注意抛球和挥拍击球动作的配合，掌握好击球时间；②发球要有质量，发球动作要利落，以防在还未完全站起时已被对方抢攻；③发下蹲右侧上、下旋球时，左脚稍前，身体略向右偏转，挥拍路线为从左后方向右前方。拍触球中部向右侧上摩擦为右侧上旋；从球中下部向右侧下摩擦为右侧下旋；④发下蹲左侧上、下旋球时，站右中部向左上方位稍平，身体基本正对球台，挥拍路线为从右后方向左前方。拍触球摩擦为左侧上旋；从球中部向左下部摩擦为左侧下旋；⑤发左（右）侧上、下旋球时，要特别注意快速做半圆形摩擦球的动作。

8. 正手高抛发球：其最显著的特点是抛球高，增大了球下降时对拍的正压力，发球速度快，冲力大，旋转变化多，着台后拐弯飞行。但高抛发球动作复杂，有一定的难度。动作要点：①抛球勿离台及身体太远；②击球点与网同高或比网稍低，在近腰的中右处（15 厘米）为好；③尽量加大向内摆动的幅度和弧线；④发左侧上、下旋球与低抛发球同；⑤触球后，附加一个向右前方的回收动作，可增加对方的判断（结合发右侧旋球，更有威力）。

攻　球

攻球从大的动作结构来讲，可分为正手和反手攻球两大类。攻球是快速进攻最重要的一项技术，杀伤力强，是解决战斗的关键技术。

1. 正手攻球：近台中偏右站位左脚稍前，身体斜对球台，持拍手自然放松置于腹前，拍半横状。顺来球路线略向右侧引拍，约与台面齐高，拍面与台面成80度左右，前臂与台面基本平行。当球从台上弹起，持拍手由右侧向左前上方挥动，以前臂快速内收发力配合手腕内转沿球体做弧线挥动，在上升期击球的中上部，击球位置在身体右前方前臂距离处。

2. 反手攻球：站位近台右脚稍前，持拍手自然弯曲置于腹前偏左，重心偏于左脚。顺来球线路向后引拍。当球从台上弹起，持拍手由左后向右前上加速挥拍，前臂发力为主，手腕外转，拍面前倾，重心移至右脚，左右胸前击球上升时期的中上部。

攻球的重点难点是挥拍发力和正确恰当的击球点。

搓　球

搓球是近台还击下旋球的一种基本技术，特点是站位近动作小，回球多在台内进行，也是初学削球必须掌握的入门技术。

1. 慢搓：近台站位右脚稍前，持拍手臂自然弯曲。击球时用前臂和手腕向前下方用力，拍面后仰，在下降期击球中下部。

2. 快搓：站位及击球方法与慢搓相同，击球时拍面稍横立避免出界或回球过高。

搓球的重点难点是前臂和手腕的挥拍路线和用力方法。

接发球的具体运用

1. 接上旋转（奔球）：正反手攻球或推挡回接，拍面适当前倾，击球的中上部，调节好向前的力量。

2. 接下旋长球：用搓球、削球、提拉球回接，搓或削时多向前用力。

3. 接左侧上、下旋球：可采用攻球和推挡（搓球或拉球）回接，拍面稍前倾（后仰）并略向左偏斜，击球偏右中上（中下）部位，以抵消来球的左侧上（下）旋力。

4. 接右侧上、下旋球：可采用攻球或推挡（搓球或拉球）回击，拍面稍前倾（后仰）并向右偏斜，击球偏左中上（中下）部位；回接要点和方法与接左侧上、下旋球相同。

5. 接近网短球：用快搓、快点或台内突击回接，主要靠手腕和前臂的力量。

6. 接转与不转接：在判断不准的情况下可轻轻地托一板或撇一板，但要注意弧线和落点。

7. 接不同性能球拍的发球：长胶、生胶、防弧胶的发球基本属不转球，用相应的方法回接。

8. 接高抛发球：如球着台后拐弯的程度大，应向拐弯方向提前引拍。

削　球（以正手为例）

1. 近削：左脚在前，身体离台约 1 米，手臂外旋使拍面稍后仰，身体向右偏斜，手臂向右上方移动，前臂提起，同时直握拍手腕作伸，横拍握手腕作外展，将球拍引至身体右上方，当来球跳至高点期或下降前期时，随着身体向左转动，上臂带动前臂向左前下方用力，同时直握拍手腕作屈，横握拍手腕做内敛，拍面稍后仰击球中部偏下。击球后手臂继续向左前下方随势挥动，迅速还原成准备姿势。

2. 远削：左脚在前，身体离台约 1 米以外。手臂外旋使拍面稍后仰，身体向右偏斜，手臂向后右上方移动，前臂提起，同时直握拍手腕作伸，横拍握手腕作外展，将球拍引至身体右上方，当来球跳至下降后期时，随着身体向左转动，上臂带动前臂向左前下方用力，同时直握拍手腕作屈，横握拍手腕做内敛，拍面稍后仰击球中下部。击球后手臂继续向左前下方随势挥动，迅速还原成准备姿势。

主要战术

推攻战术

特点：主要运用正手攻球和反手推挡的速度和力量，并结合落点变化和节奏变化来压制和调动对方，以争取主动或得分。推攻战术是左推右攻打法对付攻击型打法的主要战术，有反手推挡能力的两面攻运动员、攻削结合运动员等也常使用它。

握拍方法：左推右攻；推挡侧身攻；推挡、侧身攻后扑正手；左推结合反手攻；左推、反手攻、侧身攻后扑正手。

注意事项：

1. 推、攻都要有线路变化、落点变化和节奏变化，这是推攻战术争取主动和创造扣杀机会的主要方法。

2. 推挡一般以压对方反手为主，然后突然变正手，以创造进攻机会。如果对方正手较差，才可以推对方正手为主。

3. 在推挡中突然加力推对方中路，使对方难以用力回击，然后用正手或侧身扣杀。

4. 遇到机会球时要果断扣杀，这是推攻战术得分的主要手段。

5. 推攻战术要坚持近台，又不能死守近台，要学会近台和中台的位置转换，掌握对手节奏。

6. 推攻战术对付弧圈类打法应坚持近台为主，用快推和加、减力推挡控制落点，伺机采用近台反拉或中等力量扣杀弧圈球，然后进入正手连续进攻。

两面攻战术

特点：主要利用正、反手攻球技术的速度和力量压制对方，争取主动和创造扣杀机会。两面攻技术是两面攻打法对付攻击型打法的主要战术。

方法：攻左扣右；攻打两角，猛扣中路。

注意事项：

1. 正、反手攻球都要有线路变化和落点变化，以便创造扣杀机会。

2. 要以压对方反手为主，然后攻击对方正手或中路，以创造扣杀机会。

3. 遇到机会球时要大胆扣杀。

4. 两面攻战术在主动进攻情况下要坚持近台，被动情况下可适当后退，在中近台或中台进行反攻。

5. 两面攻战术对付弧圈球打法应坚持近台，用快带顶住对方的弧圈球，伺机采用近台反拉或中等力量扣杀弧圈球，然后转入连续进攻。

拉攻战术

特点：连续运用正手快拉创造进攻机会，然后采用突击和扣杀来作为得分手段。拉攻战术是快攻打法对付削球类打法的主要战术。

方法：正手拉后扣杀；反手拉后扣杀。

主要事项：

1. 拉、扣的力量要有较大的悬殊，以使对方措手不及。

2. 拉球要有线路和落点变化以调动对方，争取主动和创造进攻机会。

3. 遇到机会球时要大胆扣杀或突击。

4. 采用拉攻战术要有耐心，不要急于求成，对没有把握的机会球不要过凶。

拉、扣、吊结合战术

特点：由拉攻与放短球相结合而成，是快攻型打法对付削球打法的常用战术。

方法：在拉攻战术的扣杀或突击后放短球；在拉攻战术中放短球后，结合扣杀或突击。

主要事项：

1. 拉攻中放短球，要在对方站位较远并且来球比较近网时进行，这样，放短球的落点容易靠近球网，可增加对方向前移动的距离和难度。

2. 放短球后扣杀时，如果对方靠台极近，可对准对方身体方向扣杀，这样，往往能使对方难于让位还击。

搓攻战术

特点：主要运用“转、低、快、变”的搓球控制对方，以寻找战机，然后采用低突、快点或拉攻等技术展开攻势并进入连续进攻；在搓球中遇到机会球时进行扣杀，常常带有突然性，往往可以直接得分。搓攻战术是乒乓球各种打法都不可缺少的辅助战术。

方法：正、反手搓球结合正手快拉、快点、突击或扣杀；正、反手搓球结合反手快拉、快点、突击或扣杀。

注意事项：

1. 搓攻战术既要尽可能早起板，以争取主动，但又不能有急躁情绪，否则，起板容易失误。

2. 在搓球中遇到机会球时要大胆扣杀，这是搓攻战术的主要得分手段。

3. 在搓短中摆短，可使对方不易抢先进攻，故有利于创造进攻机会，以便伺机用正、反手或侧身进攻。

削中反攻战术

特点：由削球和攻球结合而成，常以逼角加转削球为主，伺机反攻；或以转、低、稳、变的削球，迫使对手在走动中拉攻，以从中寻找机会，予以反攻。这种战术有“逼、变、凶、攻”的特点，是攻、削结合打法的主要技术。

方法：正、反手削球逼角，结合正手攻或侧身攻对方右侧空当；正、反手削两大角长球，结合正、反手反攻。

注意事项：

1. 正、反手削球都要注意旋转强度的变化。在削加转后用削加转球相似的手法削不转球，是使对方拉出高球，以进行反攻的有效方法。

2. 削球时要尽可能压低弧线，以避免对方扣杀或突击。

3. 削球逼角时要适当配合削另一角，以使对方在走动中击球。

发球抢攻战术

特点：发球抢攻战术是以旋转、线路、落点以及速度不同的发球来增加对方回击的难度，使其出现机会球，或降低回球质量，然后抢先进攻，以争取主动或直接得分，这是乒乓球所有打法特别是进攻型打法的主要战术和得分手段。

方法：发下旋转与“不转”抢攻；发正、反手奔球抢攻；发正、反手侧上、下旋球抢攻。

注意事项：

1. 发球要有线路和落点变化，以使对方前、后、左、右走动中接发球。

2. 发球后要有抢攻准备，以不失抢攻的机会。

3. 自己发什么球，对方可能以什么技术回击，要做到发球前心中有数。这样，才能较好地做好抢攻的准备。

4. 抢攻要尽可能凶，又不能过凶，否则，会影响命中率。

接发球抢攻战术

特点：由某一单项攻球技术所形成，进攻性强，可变接发球的不利地位为主动地位，也可直接得分，是乒乓球运动各种打法特别是进攻型打法的主要战术。

方法：用快点、快攻或中等力量突击进行接发球抢攻。

注意事项：

1. 由于接发球抢攻是在对方主动发球，自己处于被动地接发球地位时所采取的进攻性打法，所以难度较大。接发球抢攻一般不可过凶，要看准来球的旋转方向、旋转强度和高度，采用适当的方法进攻。例如对方发加转下旋球，接发球抢攻时要采用提拉手法，以免下网。同时，攻球的力量不可过大。

2. 接发球抢攻动作结束后，要立即做好对攻或连续进攻的准备，以便继续处于主动地位。

3. 接发球抢攻、抢冲的力量越小，应越注意球的路线或落点，一般应多打在对方反手；若对方反手强而正手弱，则可多打在对方正手。

网 球

网球是世界上最流行的运动项目之一。网球一向被扣以“贵族运动”、“高雅运动”以及文明运动的美誉。观看重要的国际网球比赛，是许多人休闲、度假的主要内容。独特的网球文化使得网球运动成为现代社会中人们崇尚的生活方式之一。

网球运动能增强血液循环系统的改善，消耗多余热量，心肺功能得到提高，可以增加人体免疫能力，提高抗病能力和病后康复速度，达到增进健康、增进体质、强化身心的目的。在网球运动中，需全神贯注排除一切杂念，快速的奔跑击球、大力扣杀等活动可以把一天的疲劳、困扰等挥洒得干干净净，使身心完全地放松，特别是在击出了一个好球，击出了一个不该失误的球时，你可以充分地咆吼、跳跃、丢拍子等，释放你的个性气质。网球运动可以帮助青少年释放学习压力，增强自信心。

握拍法

一般来讲，网球的握拍方法大体分为这样三种：

第一种，东方式握拍法。握拍时拍面与地面垂直，大拇指与食指呈 V 字形握在拍柄的中部。

第二种，英国式握拍法。除了球拍面与地面垂直、大拇指与食指呈 V 字形握在拍柄的中部等与东方式握拍法一样外，不同点是，大拇指与食指互相接触而不分开。

第三种，西方式握拍法。网球运动中有不少选手使用西方式握拍法，球拍面与地面平行，手掌从上面握住拍柄。这种握拍法在打高球时能有很大威力。

此外，还有双手握法，不同握法打出不同特点的球。不管用何种握拍方法，都要做到握拍的手腕牢牢固定，与球拍几乎成 90 度，这样击球时能将手臂乃至全身的力量通过手腕传递到拍面上，向后引拍时，另一只手臂向反方向挥动，以保持身体平衡。在挥拍击球前，另一只手则要扶着拍颈，以减轻握拍手臂的负重，同时握拍的手可充分放松，在挥拍击球时再握紧拍柄。

基本技巧

接发球技巧

接发球选手得分的捷径是接发球抢攻直接得分。为了提高回球得分的概率，首先必须掌握一定的技巧。就像在打棒球时发现投手的破绽极为有利一样，接发球抢攻重要的是看出发球人的破绽。具体步骤如下：

1. 边确定球从哪儿飞来，边站好位置。
2. 站定位置后，快速敏捷地带左肩转身，此时只考虑转身。
3. 击球瞬间，紧握球拍，使其不发生颤动。
4. 最后的随球动作中，径直顺着拍头的方向继续快速挥拍，之后自然返回。

我们很容易就可以看出接发球后球速的变化。必须认识到截球对于速度较快的发球的重要性。注意转身击回球。不用特意大幅度收身，基本上只要运用棒球中击触地球的技巧击球即可。

斜角球技巧

以一定的角度将球击至对角发球区叫打斜角球。这种球需要柔韧的腕部动作，对善打上旋球的球员，不论是打超身球还是在底线连续对攻都能使用。这也是一流球星必须掌握的打法。具体步骤是：

1. 边盯住对方的动作，边进入击球处。

2. 边确认对方的位置边收身，使斜角球能打在对方空当处。

3. 从下部探起拍头，打出旋转球。

4. 即使是打短球，也应该径直继续挥拍，以避免扭伤腕部。

打斜角球应注意的是这种球需要速度，所以在经过网时球应比网高30~50厘米。从端线打的斜线球应比网高50厘米以上，这是因为这样的球比擦网球更能落到有角度的地方。

上旋高球技巧

所谓上旋高球是指利用拉带球技术使对方错过上网的时机。因为是攻击性的击球，所以上旋高球和普通的高球不同，没有必要把轨迹设想得太高。具体方法为：

1. 边估计对方截击球的位置边收身。

2. 将球稍微拉带一会儿，使对方错过上网时机。

3. 直接从下往上用腕部动作，将随球动作挥高，即能加上强烈的旋转。

从下往上迅速有力的擦球这一腕部动作，是成功击球的重点。收身动作和普通的反弹球一样。击球前，将拍头向下，从下向上擦开。不必打得太高，只要能大概使球经过对方时高过球拍两三个拍子就行了。注意随球动作挥至头的右侧，这也是一流职业选手的技巧。

急截球技巧

现代网球以上旋球打法为主流，其经常使用的技术就是急截球。急截球与其说是截击球，不如认为是底线抽球。这特别是反弹球手频繁使用的击球法。

正手急截球的具体步骤是：

1. 当对方球飞来时，迅速上前。

2. 在自己最能使上劲的位置击球。要领是认为自己就要打出制胜一击了。

3. 随球动作幅度要大，并迅速调整姿态迎接下次击球。

反手急截球的具体步骤是：

1. 反手击球时，大多数球员都采用两手握拍法。

2. 将拍头与球平行。为了成功截球，在击球瞬间要用尽全身力量。

3. 与制胜球同样要领，为了不使手腕扭伤，接着用腕部动作随挥。

虽说球是以较高的高度飞过来，但也没必要特意在肩的高度击球。不如等球落至胸与腰之间位置再打，这样比较容易用上劲。记住要用反弹球手的上旋球要领来打。

近网低球技巧

这是黏土球场上常用的击球方法。特别适用于对手前后移动速度不太快，以及女子比赛。注意姿势不可摆过头，否则会被对方识破。具体步骤为：

1. 要领同前进击球，摆好不让对方识破的姿势。

2. 击球时要充分放松，注意不要因为紧张而导致感觉错误。

3. 在削球的基础上加上上旋，加快回球的旋转。

反手击球技巧

1. 准备姿势

面对球网，双脚向前自然分开与肩同宽，双膝微曲，腰部略向前，用非握拍手轻托拍颈，拍头与下巴齐平，双肘弯曲，将球拍舒适伸在前面，身体前倾，重心落在双脚上。当判断对方来球朝你的反拍方向飞来时，轻握拍颈的左手应该迅速帮助右手握拍变换为反拍握拍法。正拍若使用东方式的正拍握法或西方式握法，在打发球时应变化为相应的反拍握拍法，不然反拍是打不好的。双手握拍的人，大多也需要变化握法。

2. 后摆引球

向左肩转髋带动右手向左后方摆动，左脚向左转 90 度与底线平行，同时右脚向左前方上步，左肩对着球网，手腕绷紧、后伸，双肩夹紧，右手拇指靠近左腿的上部。后摆时肘关节自然弯曲，下垂，重心移向后方的脚上。反拍的后摆动作应比正拍后摆更早地完成。单手反拍时，左手可轻托拍颈，伴随着向左转的协调动作；若是双手反拍挥臂，需要更充分的转体动作，右肩转向左侧的网柱。

3. 前挥击球

从后摆进入向前挥动时应紧握球拍，手腕固定，右脚与网成45度角，转动双肩、躯干和臀部，挥拍向球，反拍的击球点应在身体的左侧前方，击球时球拍于右脚应在一条直线上。击球瞬间，拍头的挥动最快，对准来球把球打正，肘部应伸直，球拍与手齐平，双眼盯住球。随着身体重心从后脚移向前脚。反拍上旋球的击球动作其拍头轨迹是自上而下的。

4. 随挥动作（跟进）

球击出后，拍面平行于网的时间尽量长些，挥拍沿着球飞行的方向前送，球拍随球向前的距离小于60厘米，重心前移，落在右脚，身体也随着转向球网，挥拍在右肩上方结束，拍头指向上方（削击球则不同），完成好随挥动作有助于控制球的落点和方向。随挥动作要比后摆动作大而充分，从而保证击球动作的完整和稳定。随挥跟进动作结束，身体转向球网，迅速恢复原来的准备姿势，准备下一次击球。

选择球拍有技巧

1. 在选择球拍时首先要注意的是球拍的平衡感，有的球拍头部重，而有的球拍则拍把重，最好是自己实际地挥几下试试看。一般来说，球拍有自己的重心点，以拍的头部轻重适中为好。

2. 拍面尺寸：拍头较大的球拍，其有效击球面积相对较大，适合于初学者及底线防守型选手。而对于偏爱进攻的球友，应选择中拍面大的球拍。

3. 球拍重量：一般分为轻（L）、中轻（LM）、中（M）和重（T）4种，可根据自己的臂力和体力情况决定。一般说来，男女都适用320～360

克的球拍。而青少年则要使用比这更轻的，与自己力量相适合的球拍。但是有一点要注意，就是不要以为球拍越轻使用越方便，实际打球中，尽管轻的球拍挥动方便，但击出的球往往力量较弱。

4. 柄粗细：拍柄一般分为 7 种型号，可以根据手的大小和握力决定，以手感良好为宜。一般在拍柄处缠有漆布，如果感觉不舒服，或是由于出汗更滑的话，可以把它去掉。

5. 拍弦松紧度：以磅为单位，可根据自己的臂力挑选，初学女性以 55～60 磅为宜。

攀 岩

攀岩的六大好处

青少年学习攀岩运动，除了体能上的锻炼以外，其实最可贵的是可以让青少年在力争向上的努力过程中，提升自我的肯定、增加自信心。这种自我挑战的运动，比一般球类竞技等，更有助于人格的正向发展。专家指出攀岩运动对青少年的好处，有以下六点：

1. 增加身体的柔软度与协调感。这是攀岩的关键能力，其重要性更胜于体能的锻炼。国外医疗领域已经将攀岩用来矫治青少年肌肉发展，及手、眼、身体的协调训练上了。

2. 增强体力。攀岩运动不需要肌肉强壮，要的是手脚均衡的力与美，并且足以负荷自己的重量、对抗地心引力，这件事女生可是一点儿也不逊色于男生。

3. 有利于集中精力。当脚下扎实地踏着岩石，留意身体在岩壁上移动的每一个细节，此时特别需要的是全神贯注，这一点对青少年的学习有很大的帮助。

4. 培养进取心。当自己靠着攀登绳承负重量、在高高的岩壁上时，是放弃还是继续坚持，已经不只有勇气了，还要有意志力、荣誉感及自我超越的决心。

5. 增强自信心。面对比自己身高还高大的岩壁，仍毅然决然向上攀登，不怕面对攀岩过程中的难度挑战，心性自然要比一般人沉着自信。

6. 锻炼平衡感。被称为在岩壁上行走的“蜘蛛人”，行走基本的姿势是“三点不动，一点动”，其中凭借的就是平衡感。成长只有一次，尚在发展身心、手足平衡感的青少年，更需要加强训练这项体能，健康快地成长。

攀岩的装备

攀岩的装备器材是攀岩运动的一部分，是攀岩者的安全保证，尤其在自然岩壁的攀登中。因此，平时要爱护装备并妥善保管。攀岩装备分为个人装备和攀登装备。

个人装备指的是安全带、下降器、安全铁锁、绳套、安全头盔、攀岩鞋、镁粉和粉袋等。安全带，攀岩用安全带与登山安全带有所不同，属于专用，并不适合登山，但登山用安全带可权作攀岩时使用；下降器，八字环下降器是使用最普遍的；安全铁锁和绳套，在攀登过程中休息或进行其他操作时自我保护之用；安全头盔，一块小小的石块落下来，砸在头上就可能造成极大的生命危险，因此，头盔是攀岩的必备装备；攀岩鞋，一种摩擦力很大的专用鞋，穿起来可以节省很多体力；镁粉和粉袋，手出汗时，抹一点粉袋中装着的镁粉，立刻就不会滑手了。

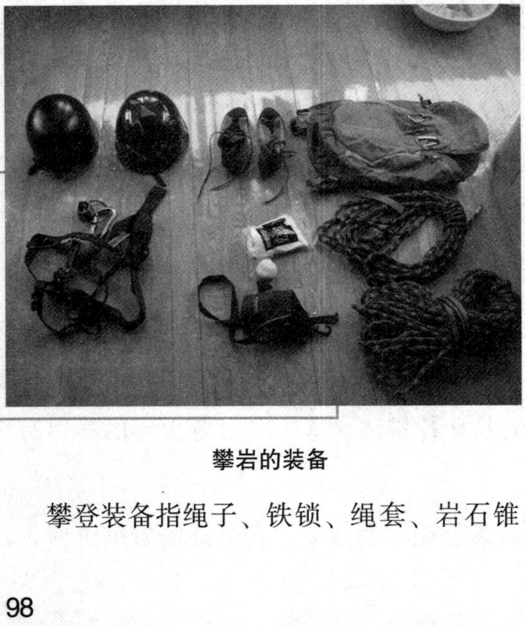

攀岩的装备

攀登装备指绳子、铁锁、绳套、岩石锥、岩石锤、岩石楔，有时还要准备悬挂式帐篷。绳子，攀岩一般使用直径 9 ~ 11 毫米的主绳，最好是 11 毫米的主绳；铁锁和绳套，用来连接保护点，下方保护攀登法必备的器械；岩石锥，固定于岩壁上的各种锥状、钉状、板状金属材料做成的保护器械，可根据裂缝的不同而使用不同形状的岩石锥；岩石锤，钉岩石锥时使用的工具；岩石楔，与岩石锥的作用相同，是可以随时放取的固定保护工具；悬挂式帐篷，当准备在岩壁上过夜时使用的夜间休息帐篷，须通过固定点用绳子固定保护起来悬挂于岩壁；其他装备包括背包、睡具、炊具、炉具、小刀、打火机等用具，视活动规模、时间长短和个人需要携带。

青少年进行攀岩活动，要到专业的训练场所，在专业人士的保护下方可进行，以免发生意外伤害。

攀岩的动作要领

三点固定法是攀岩的基本方法，其要领是：对身体各部位的姿势和动作有一定的要求。

1. 身体姿势。攀登岩石峭壁时身体要自然放松，以三个支点稳定身体重心，而重心要随攀登动作的转换移动，这是攀岩能否稳定、平衡、省力的关键。要想身体放松就要根据岩壁陡缓程度，使身体和岩壁保持一定距离，靠得太近，会影响观察攀岩路线和选择支点。但在攀登人工岩壁时要贴得很近。在自然岩壁攀登时，上、下肢要协调舒展，要掌握节奏，上拉、下登要同时用力，身体重心一定要落在脚上，保持面向岩壁、三点固定支撑、直立于岩壁的攀登姿势。

2. 手臂的动作。手在攀登中是抓住支点、维持身体平衡的关键，手臂力量的大小直接影响攀登的质量和效果。因此，一个优秀的攀岩运动员必须有足够的指力、腕力和臂力。对初学者来说，在不善于充分利用下肢力量的情况下，手臂的动作就显得更为重要了。手臂如何用力，在人工岩壁攀登和自然岩壁攀登时情况不同，前者要求第一指关节用力抠紧支点的同时，手腕要紧张，手掌要贴在岩壁上，小臂也要随手掌紧贴岩壁而下垂，在引体时，手指有下压抬臂动作。其动作规律是，重心活动轨迹变化不大，节奏更为明显。但攀登自然岩壁时其动作就变化很大，要根据支点不同采用各种用力方法，如抓、握、挂、抠、扒、捏、拉、推压、撑等。

3. 脚的动作。一个优秀攀岩运动员的攀登技术发挥得好坏，关键是两腿的力量是否能充分利用。只靠手臂力量攀登不可能持久。脚的动作要领是，两腿外旋，大脚趾内侧贴近岩 面，两腿微屈，以脚踩支点维持身体重心，在自然岩壁支点大小不一和方向不同的情况下，要灵活运用。但要切记，膝部不要接触岩石面，否则会影响到脚的支撑和身体平衡，甚至会造成滑脱而使膝部受伤。另外，在用脚踩支点时，切忌用力过猛，并要掌握用力的方向。

4. 手脚配合。凡优秀攀岩运动员，上、下肢力量是协调运用的。对初学者或技术还不熟练的运动员来说，上肢力量显得更为重要，攀登时往往是上肢引体，下肢蹬压抬腿而移动身体。如果上肢力量差，攀登时就容易疲劳，表现为手臂无力，酸疼麻木，逐渐失去抓握能力。失去抓握能力后，即使有好的下肢力量，也难以继续维持身体平衡。所以学习攀岩，首先要练好上肢力量，上肢又要以手指和手腕、手臂力量为主，再配合以脚腕、脚趾以及腿部的力量，使身体重心随着用力方向的不同而协调地移动，手脚动作的配合也就自如了。

轮 滑

轮滑，又称滚轴溜冰、滑旱冰，是穿着带滚轮的特制鞋在坚硬的场地上滑行的运动。

轮滑运动的特点

娱乐性：轮滑有很强的娱乐性和趣味性，通过这项运动，可使青少年从平时紧张、繁重的学习中解脱出来，达到身心放松的目的。

健身性：轮滑是一项全身性运动，它能促进心脑血管系统和呼吸系统机能的改善和代谢作用的加强，能增强臂、腿、腰、腹等肌肉的力量和身体各个关节的灵活性，特别是对人掌握平衡能力有很大作用。

对于青少年，轮滑有以下 7 点好处：

1. 锻炼平衡能力，堪称脑部平衡操；

2. 可以减肥，缓步持续滑行 30 分钟平均消耗热量 285 卡，间断式轮滑（1 分钟低姿冲刺 +1 分钟的直立式轻松滑）30 分钟内耗掉了 450 卡热量；

3. 轮滑对关节所造成的冲击力比跑步低大约 50%，促进心脑血管系统和呼吸系统机能的改善和代谢；

4. 缓步持续轮滑 30 分钟心跳达 148 次/分，可以使大腿后部、臀部、下背部更有型；

5. 如果加强手臂摆动，还有助于前臂与胸部塑型；

6. 既不消耗能源也不造成环境污染；

7. 轮滑的愉悦性，让你因工作紧张的神经得到放松。

轮滑装备

轮滑鞋

鞋身：轮滑鞋的外壳可以防止外来的冲击，具有保护脚部的作用。一般用有鞋扣的鞋身较方便穿着；绑鞋带的会较贴脚，但穿脱较麻烦。一般比较好的单排轮滑鞋都是绑带加一个扣的设计。一般的单排轮滑鞋都有一个内靴，可以缓冲足部和鞋壳之间的摩擦，以保护足部，使皮肤不易擦伤和起水泡。好的鞋身应该要够坚固，海绵要够厚，密度也要够大。

底架：底架为连接轮子及鞋壳之结构体，底架系统的坚韧性，是决定溜冰鞋寿命的一大因素。通常底架的设计都有不同的类型，有的较厚有的较薄。底架一般装上 4 个轮子，但也有装置 3 个轮子的小底架，以及可以装置 5 个轮子的速度鞋。铝合金的底架比较好，因铝合金的底架较坚硬，不容易变形，但价钱较贵。

轮子：轮子必须是高弹性轮，绝不能是塑料轮子。最好选聚酯材料制的，即胶轮，它适应各种场地和状况。胶轮比较软，弹性较好，塑料轮子则是硬硬的，你可试敲地面听听声音来感觉，你会发现塑料轮子的声音是尖锐许多的，容易打滑。有些轮滑鞋会配置六角扳手，用以拧紧轮子。

大小：除了注意鞋子的各部分质量以外，还要注意脚的尺码。专家建议，就买平时穿的尺码，一定要自己穿过。绝对不能太大，只要不觉得紧不顶脚，就可以了。一般系好鞋带、小腿和地面垂直时，脚的最前端和鞋内套的距离是半个大拇指（手）那么多就好，太大的鞋不安全。

初学阶段可以买非专业性滑轮。一般说来，初学者还应练习在路面上做简单滑行、转弯、刹车等基本动作，非专业性的滑轮就能满足这些要求，而且价格比较便宜，一两百元就能买到。但是当水平提高开始学习各种极限动作时，就必须买专业级滑轮了，因为那些高难度动作不是一般的滑轮可以承受的。

护具

护具是最容易被忽视，但又是很重要的一项装备，包括头盔、护肘、护腕和护膝。很多人出于怕被认为娇气或者嫌麻烦的心理不愿带护具，但几乎所有长期练习轮滑的人都认为，带护具不仅能保护自己，还能保持良好的练习心态。

轮滑的基本技巧及练习

轮滑是一项极易掌握的体育运动，任何人都能很快地学会它。但对很多人来说，初次接触轮滑时，心理上会产生一种畏惧感——担心摔跤。其实，只要简单地掌握一些轮滑的方法和技巧，就能把这项运动变成乐趣。

站稳：将两只脚站成 T 字形或将两脚脚跟并在一起，使成 V 字形。

起步：从 T 字形站姿起步，让前脚保持前进姿势，后脚向外方推轫，就会有向前前进的力量。

滑行：滑行时为保持较好的平衡，让一脚稍稍提起放在另一脚前方，膝盖弯曲。

身体的摆动：将重心放到左脚，用右脚推轫并伸向外侧伸展，滑行；然后将双脚并行。接下来将重心放到右脚，左脚向外推轫、伸展、滑行，如此左右不断互换。

身体的姿势：身体稍稍半蹲，像是要坐。将双脚向前伸出，弯曲膝盖及脚踝，使重量在整双鞋上放松。

停止：以上述姿势滑行，双脚靠近保持平行，有煞车的那脚稍稍向前滑行，使两脚距离约有半个脚，提起脚尖直到煞车碰触到地面，然后慢慢将重量移到煞车，增加压力，直到停下来。

初学轮滑者一定要有耐心，请记住以下禁忌：滑行前不做准备活动，不戴护具，滑行后立即喝水。初学时一定要注意培养正确姿势，滑行时腰、膝、踝关节保持弯曲，降低身体重心，身体失去平衡时要向下蹲。以下是高手总结出的口诀，不妨看看：滑需团身，弯曲求稳，重心稍后，欲进先侧，先蹬后落，斜中求正，先倾后蹬，先蹬后落，跨部摆动，三点对齐。

平衡是掌握轮滑的基础。由于轮滑鞋与地面接触面积小，加之滑轮与地面摩擦后的滚动，所以就不易掌握平衡。练习平衡是非常重要的，具体的做法是：①原地踏步，练习静平衡，熟悉轮滑的性能；②用互助法和扶助法练习平衡，两个人相互扶助或双手扶住身边的其他物体，前后左右移动，练习平衡技术；③借助外力练习平衡，比如可以通过对静止物体的反作用力使自己滑动，或让别人用力将自己推动，也可以抓住正在移动的人或其他物体上，使自己前进或后退。

1. 移动重心的练习

（1）原地站立与踏步：穿好轮滑鞋，两脚平行站立与肩同宽，两腿微屈，上体稍前倾，两臂自然下垂。身重心移至左腿，右腿稍抬起、放下。然后身重心移至右腿，左腿稍抬起、放下。反复进行练习，逐渐加快速度。

（2）单脚支撑平衡：在掌握原地踏步基础上，保持原来姿势，手扶栏杆或同伴，将重心移至一条腿上，另一腿向侧伸出再收回成开始姿势，换脚重复以上动作。

（3）模仿滑行姿势的蹲起练习：速度轮滑的滑跑姿势直接关系到滑行速度的快慢。正确的滑跑姿势，是上体前倾接近水平，肩背稍高于臀部，腿部弯曲，上体与地面成15～20度角，大腿和小腿成90～110度角，踝关节成50～70度角，两手互握放于背后或在体侧自然摆动，头部自然抬起，眼向前看5～10米处。

（4）“八”字行走练习：两脚成外“八”字站立，保持好站立的姿势，重心移至左脚上，右脚向前迈一小步，重心随之移至右脚上，然后抬左脚向前迈一步，重心随着移至左腿上，然后抬左脚向前迈一步，重心随着移至左腿上，重复上述练习。

（5）交叉步行走：原地站立，先将重心移至左腿上，收右腿，左腿前外侧迈步交叉姿势，重心随着移至右腿上，接着收左腿左侧跨一步，成开始姿势，反复练习。

2. 直道滑行

（1）单脚蹬地双脚滑行练习：右脚用内刃蹬地，将重心推送至向前滑行的左腿上，右脚蹬地后迅速与左腿并拢成两脚滑行。接着用左脚蹬地，将重心推送至向前滑行的右腿上，左脚蹬地后迅速与右腿并拢两脚滑行。

（2）单脚蹬地单脚滑行：上体前倾，两臂自然下垂，两脚稍分开，成外“八”字站立，重心移至右腿上，用右脚内刃蹬地，左脚用力向前滑出，随着蹬地动作结束，把重心推送至左腿上，左腿成半蹲支撑惯性滑行，接着向前收右腿，同时左脚蹬地，随左腿蹬地运作结束，把重心推送至成半蹲支撑惯性滑行的右腿上。反复进行。

（3）初步体会直道滑行方法：上体前倾，肩背稍高于臀部，两手互握放于背后或自然摆动，腿部弯曲，上体与地面成15～20度角，膝关节成90～110度角，踝关节成50～70度角。保持这种姿势做单脚蹬地、单脚支撑惯性滑行练习。

（4）直道滑行的摆臂动作：有力的摆臂是顺着身体纵轴前后加速摆动，当两臂向上摆动时，可增加蹬地腿的蹬地力量。同时，两臂摆动越快，身体重心的移动也越快。所以要提高滑动的频率，就必须减小摆臂的幅度，加快摆臂的频率。

3. 弯道滑行

弯道滑行技术和直道滑行技术有明显的区别。弯道滑行技术特点在于练习者用交叉步滑行。由于向心力的作用，上体不仅前倾，而且还要向左倾。

（1）左脚支撑、右脚连续蹬地的滑行：从站立姿势开始，左脚用外刃支蹬地后迅速与左脚并拢，接着右脚再做一次蹬地动作，左脚继续做前外曲线滑行。

（2）在圆弧做不连贯的交叉步滑行：在圆弧上用直线滑行步法，中间插入弯道交叉步。当左脚有稳定的平衡时，右脚向左脚左侧前方迈一小步；只要右脚有短暂的滑行之后，左脚就迅速从右腿后方收回，同时右脚蹬左脚直线滑进。重复上述动作。

4. 停止法

在滑行中，有时需要及时停止滑行，所以在初步掌握滑行基本动作的同时，就要学会停止滑行的方法。常用的停止法有“T”形停止法和双脚急停法。

（1）“T”形停止法：在向前滑行中，将重心放在右脚上，右膝弯曲，同时抬起左脚横放在右脚后成“T”形，然后以左脚四轮的侧面摩擦地面，减缓滑行速度，直到停止滑行。

（2）双脚急停法：在向前滑行中，两脚并拢，两脚同时向逆时针方向（或顺时针方向）转体 90 度，右脚以内侧轮、左脚以外侧轮压紧地面，同时屈膝后坐，上体前倾，身体向左（右）倾倒，两臂前伸，两脚用力压紧地面，就会停止滑行。

注意事项

1. 练习轮滑前，应先做好准备活动，尤其是手腕和下肢各关节及韧带，要充分活动开。

2. 如有可能，应戴一些防护用具，如轮滑专用的护腕、护肘、护膝及头盔等。现在很多体育商店都有这种轮滑的专用护具。

3. 练习前要检查轮滑鞋的螺丝等紧固部件，以免滑行中因轮滑鞋出问题而受伤。

4. 初学者应在初学场内或规定范围内练习，或尽可能在人少的地方练习，不要任意滑行。初次学习轮滑时，最好有滑行熟练的同伴或辅导员进行辅导。

5. 禁止做危险或妨碍他人的动作，特别是在人多的公共轮滑场内，如几人拉手滑行，在速滑跑道上逆行或与大家滑行方向逆行，乱蹦乱跳，在场内横插乱窜，追逐打闹，突然停止等，这都是既妨碍他人，又容易发生危险的事情。如果在公路上滑行，更要注意交通安全，最好要在人少车少的地方练习。

6. 学习轮滑时摔跤是不可避免的，但要学会在摔跤时做自我保护。方法是：当要向前或向侧摔倒时，要主动曲膝下蹲，用双手撑地缓冲，减小摔倒的力量；当要向后摔倒时，也要主动曲膝下蹲，降低重心，尽量让臀部先坐下，并注意保护尾骨处，同时低头团身，避免头部向后仰磕地；摔倒时应尽量避免直臂单手撑地，这样很容易损伤手腕。

7. 患有严重疾病的人（如有心脏病、高血压等）不宜参加激烈的轮滑活动，最多可以慢速滑锻炼一下。此外，过度疲劳的人也不宜参加轮滑活动。

跆拳道

跆拳道是由中国武术流传演化而来的在朝鲜、韩国民间较普遍流行的一项技击术，是一项运用手脚技术进行格斗的民族传统体育项目。它由品势（特尔）、搏击、功力检验三部分内容组成。跆拳道是创新与发展起来的一门独特武术，具有较高的防身自卫及强壮体魄的实用价值。它通过竞赛、品势和功力检测等运动形式，使练习者增强体质，掌握技术，并培养坚韧不拔的意志品质。

跆拳道基本技术

基本步型

1. 并步，称并步站。两腿并拢直立，两脚内侧贴紧相靠。这种站立势多用于敬礼前。

2. 开立步，又称自然立（自然体）。两脚左右开立，与肩同宽；两脚尖正对前方或稍外展，两臂自然下垂，两手握拳置于体侧。也有在体后两手交叉相握者。

3. 马步，又称骑马站。两脚左右开立，脚尖平行向前；挺胸立腰，上体正直；膝关节弯曲，重心落于两脚中间。

4. 侧马步，又称竖半月立。在马步的基础上身体微侧转，两脚及膝关节稍内扣，重心放在前腿。

5. 弓步，又称前屈立。两脚前后开立，相距一步前；前腿屈膝，后腿伸直，后腿膝关节和脚面垂直，重心偏于前腿。

6. 前行步，又称高前屈立。两脚前后开立，距离同平时路时的步幅。

7. 三七步，又称后屈立。后脚相距一步，后脚尖外展 90 度，后腿曲膝，前腿膝微曲，重心主要落于后腿。

8. 虚步，又称猫足立。姿势与三七步相似，唯前脚脚掌点地，脚跟提起，两膝稍内扣，重心落于后脚。

9. 交叉步。有两种做法：一种是一脚向另一脚后侧插步，脚尖着地，两腿曲膝，这是后交叉法；一种是一脚向另一脚前侧上步，脚尖着地，两腿曲膝交叉，这是前交叉法。

10. 独立步，又称单腿立。一脚独立站稳，另一曲膝提起，脚内侧贴于支撑膝内侧或膝窝处。

基本手型

1. 正拳，跆拳道中最基本的拳式。握法如下：五指伸开，拇指之外四指向里曲卷握，拇指紧压于食、中指第二指骨上。运动中使用拳的正面为正拳攻击；使用小指侧及掌中的软肉部位攻击为铁锤攻击；利用食指和中指突出的骨头攻击为里拳攻击。

2. 平拳，手指第二指关节弯曲，使指尖贴靠手掌，拇指扣于虎口，运动中使用中指第二指关节冲击对手上唇或颈部，食指和无名指作为辅助部位协同攻击。

3. 指节拳，有食指从正拳型中凸出的食指拳和中指从正拳型中凸出的中指拳两种。运动中用突出的指节击打上唇、太阳穴、两肋、腹腔神经丛等部位效果显著。

4. 手刀，又称空手毁，四指并拢伸直，指屈曲贴靠食指。手刀主要用于掌外沿攻击，若使用手刀相反的食指侧部位击打，称为背刀。

5. 熊掌，第二指关节弯曲，拇指扣于食指的掌指关节处。实战中多用掌根击打面部和下颏。

6. 底掌，拇指展开微屈，余四指并拢，第一指节微屈，掌成弧形。主要用于格斗中掐击对方颈部。

7. 二指贯手，又称剪形指。食指与中指伸展呈剪刀状，拇指压在无名指的第二指关节处。主要用于格斗中袭击对方眼睛。

手　法

1. 冲拳：两脚左右开立，与肩同宽；两手握拳收于腰间，拳心朝上；左脚向前上步成左弓步；同时右拳由腰间向前臂内旋平冲。右冲拳攻，左脚在前为逆攻，右脚在前为顺攻，此外还有侧冲、下冲等方法。攻击部位为中段胸部，上段头部，下段腰部。

2. 上攻拳：形似开斗中的抄拳及拳击中的勾拳，多用右拳由右腰间向上用拳面击打。攻击部位为下颏。

3. 弹拳：两脚开立，体先右转，两手握拳，随两臂曲肘置于腹前，右拳在外，两拳心均斜向下；体右转，同时左臂曲肘提至胸前，以肘关节为轴使拳由下颏向前用“里拳”攻击，为达拳背攻击部位为上唇、人中穴或面部。

4. 鞭拳：两腿前后开立，右脚在前；左手握拳，随左臂曲肘提至左肩前，拳心朝内；随即左臂以肘关节为轴快速伸臂，使左拳由内向外击出。攻击部位为面部或胸部。

5. 劈拳：两脚开立，左手握拳（拳心朝内）由腹前上举，经头上向左平劈。攻击部位为头部、颈部或胸部。

6. 砍掌（手刀砍）：两脚开立，右臂曲肘上举，右掌提至右耳旁，随即边伸右臂边用右手刀向前横砍，掌心朝上。攻击部位为动脉。

7. 底掌掐击：右脚向前上步，同时右手成“底掌”（掌心朝下）向前掐击。攻击部位为咽喉。

8. 熊掌推击：右脚向前上步，同时右手成“熊掌”（四指并拢，第二指节卷曲，拇指扣于虎口处）曲腕向前推出，力达掌根。攻击部位为面部。

9. 击肘：右脚向前上步，同时右臂曲肘，以肘尖领先由外向里弧形横击。攻击部位为腹腔神经丛。

10. 挑肘：右脚向前上步，同时右臂曲肘夹紧，以肩关节为轴，用肘尖向上击打。攻击部位为下颏。

11. 顶肘：① 两脚左右开立，右手握拳随右臂屈肘置于胸前，拳心朝下，右掌附于右拳拳面上。② 右脚向右迈步，同时右掌用力推动右掌，使右肘快速向右顶击。攻击部位为胸部。

基本踢法

跆拳道以腿法的攻击为主，被世人称为踢的艺术。尽管跆拳道有站踢、助跑踢、转踢、飞踢等不同类型的腿法，但最基本的腿法是前踢、侧踢、后踢、抡踢、下劈、勾踢、旋踢。

1. 前踢：从格斗势开始，左腿曲膝上提，膝关节朝正前方，脚背绷直，脚趾勾起，随即以膝关节为轴迅速伸膝前踢，力达脚前掌。要求：前踢时动作应迅猛连贯，髋关节顺势向前，上体稍下压。易犯错误：①上体后仰过大，失去平衡；②用全脚掌或脚背攻击；③做成撩踢。作用：当对手的躯干得点部位有较大倾斜角度时，宜使用前踢。根据攻击的不同部位又分为中段前踢或上段前踢。实际中还有前腿前踢和后腿前踢等不同用法。

2. 侧踢：以后腿侧踢为例。从格斗势开始，身体重心前移，后腿曲膝上提，脚尖勾起，随即迅速伸膝，攻击腿沿直线踹击目标；同时，支撑脚以脚前掌为轴外转，力达脚外侧或整个脚掌。要点：提膝、转身、踢击要连贯；发腿时要转体、放胯，上体侧倾下压。易犯错误：①发腿时身体侧倒过大，曲髋、腿不直，不是直线踢击；②动作不连贯。作用：直线攻击对手的躯干或头部；由于侧踢所产生的攻击力量多为推击力，竞赛中，推击力不易得分，所以多用此法阻击对手。

3. 后踢：①从格斗势开始（左脚在前），重心后移，左脚外展，右脚以前脚掌为轴内转，使脚跟正对对手方向；头与身体同时左转，目视对方。②右腿支撑，左腿曲膝提高，脚尖勾起，左肩微下压，随即左脚迅速向后伸膝蹬踢，力达脚底。要点：转身时，动作要快，重心要平稳，转头要迅速，使目光离开对手的时间尽量减少。提膝时，身体要下压、尽量靠近支撑腿。后蹬时要压胯、送髋，控制住身体平衡。易犯错误：①转身时左右摆动大或转动角度过大；②发腿时重心不稳、踢击的落点不准，不是直线踢击。作用：后踢可直接攻击对手头与躯干，但多用于防守反击。当对手攻击时，迅速转体后踢，一可避其攻势，二可隐藏反击腿。

4. 抡踢：①从格斗势开始（右脚在后），身体左转，右腿曲膝上提，高与腰平，膝内扣，脚面绷平；同时右脚外展。②上体侧倾，以膝关节为轴迅速伸膝发腿，用脚背弧形踢击对方头部。要点：支撑脚以前脚掌为轴，随抡踢动作逐渐外展。抡踢时以腰发力，腹部展开，以防因曲髋使力量的传递受阻。易犯错误：①支撑脚不是随身体转动逐渐外展；②身体侧倾过大；③屈髋收腹；④动作不连贯。作用：上击头部，中击躯干，下击腿部。

5. 下劈：①直腿下劈：从格斗势开始，右腿关节绷直、踝关节放松，用力直摆至大腿靠近胸部时，髋关节前送，右腿迅速用力下劈。②曲腿下劈：从格斗势开始，右腿曲膝由下向头部上方摆起，膝关节随腿的摆起逐渐伸直，右脚接近头上方时，用右大腿带动小腿，脚面绷直，以右脚掌为力点向前下方劈击，同时上体微后倾。要点：右腿上摆时，大腿要松。下劈时，腿要与转腰胯直接配合。当右脚劈至胸部高度时，大腿适度放松，使腿力一贯到底。下劈腿是最有腿法之一。以上列举的是由正前方起腿的下劈，实际运动中常常与“内摆”或“外摆”结合起来使用。方法为先从内侧（或外侧）摆起，摆至对方头上方时再向下劈击。易犯错误：①腿上提时不放松或用力过大；②下劈时，腰胯未能及时前送，身体后仰过大。作用：沿竖直方向劈击对手头颈部。

6. 勾踢：①以实战格斗势开始（左脚在前），身体重心前移，左脚以脚掌为轴外展，身体随之左转；同时右腿曲膝上提，胯展开，髁关节放松；②上动不停。转腰送胯，右腿迅速伸膝使右脚摆至左前上方，随即膝关节回曲扣小腿，使右脚弧形下落，以脚掌横击对方头部。要点：勾踢时身体要适当放松，尤其是放松髋关节，充分发挥腰、腿的力量。回勾时扣小腿要快，注意控制住身体平衡。易犯错误：①身体过于后倒；②勾踢时仅靠大小腿勾摆、腰部无力，脚走的弧线过大；③身体紧张，动作僵硬。作用：勾踢主要是以大小腿的快速回勾，沿水平方向攻击。使用中可与其他腿法结合起来变化使用，如旋踢转勾踢、侧踢转勾踢等。

7. 旋踢：从格斗势开始（左脚在前），重心前移，以左脚掌为轴，头部带动身体向右后转动，背向对手；同时右腿随体转曲膝提起，随即用脚掌弧形踢击，接近对手时腿伸直。要点：旋踢属转身腿法，转体、发腿要连贯、直接、快速，以腰发力。易犯错误：①转体时不能以纵轴转动，不是以头的转动带动身动；②转体角度不够，过早出腿或完成转体后发腿。作用：旋踢主要用于沿水平方向踢击对方头部，通常作为反击战术或组合攻击中的最后招法使用。

今日的跆拳道已不只是一种具有高度攻击能力的方法，而且还是一种精巧的形体艺术和健身方法。技巧及控制力是跆拳道学习者必须具备的基本素质。每项技巧都富有刺激性与竞争性。

跆拳道馆的选择

1. 要选择合适的跆拳道馆，最主要看其教学内容。很多新学员都以为，比赛是跆拳道的主要部分，但其实比赛只是道馆式跆拳道的一小部分。要选择一个好的道馆，首先要看其设施，跆拳道健身地板多以木质为主或配备跆拳道专用地垫，以避免在练习时摔伤、碰伤；其次要看专业器材品种是否齐全，是否够学员人手一份。

道馆式跆拳道教学必须有以下几点：跆拳道礼仪、跆拳道纪律、跆拳道文化、套路、对拆、比赛技术、自卫术和素质训练等等。当然，个别道馆会因应需要有所删减或增加，但一般来说以上所说的都是必备的。

2. 其次是教练员的素质。一个好的教练未必是个好的运动员，好的运动员不一定是个好的教练，这句老话相信大家都听过的。那么如何去选择呢？首先是年资，这方面跟年龄有着密切关系。在跆拳道里，很多人误以为段位代表着一个人的搏击能力，其实是错误的。段位是代表拥有者的经验和年资，对跆拳道认识和理解，以及对跆拳道运动的贡献，段位越高，代表修为越高。所以在跆拳道里都有年龄的规定，四段以上的高段位，一般都是上了年纪的前辈，属于荣誉段位。

3. 教学经验，在跆拳道教学里，最重要的是讲求方法，对于不同的人，要有不同的照顾，原因很简单，现今跆拳道运动普及化，对练习者的身体素质要求不大，普通人都可以参加练习，但是每个人身体素质不同，以及悟性也不同，不能用一种方法教授所有学员。所以，教练员的教学必须要多元化，在提高学员技术之外，亦要保持学员们的恒心，也要注意学员们的道德修养。

4. 另外还要考虑的是，交通方便和合理收费等。说到收费，跆拳道的主要收费是服装费、训练费（学费）、考试费及练习器材费用等等，基本上正规道馆都有这些收费，也可以说是“行规”了。

轻体育运动

世界一些国家悄然兴起的“轻体育”，成为目前体育健身的一种新时尚。“轻体育”也称“轻松体育”或“快活体育”，是大众体育的一种形式。“轻体育”的兴起，标志着大众体育不断适应人们的需求，注重精神调节与心理调适，既健体又健心，使健身朝着更科学化的方向发展。

轻体育健身特点

1. 体能消耗少。一提到体育锻炼，人们会很自然地想到体能消耗后大汗淋漓的形象，这是源于传统意义上对体育的理解。“轻体育”则不同，它是轻负荷，不追求大运动量，体能消耗少，对身体各系统的功能起到调节作用，使锻炼者心情舒畅，力所能及。近年来，一些体育学者的科学研究证实，追求高负荷的运动量，体能极限消耗，往往是造成身体伤害的原因。

2. 运动方式灵活。从事“轻体育”运动不必拘泥于任何形式，可以集体活动，也可以单独活动，可以静悄悄活动，也可以在音乐伴奏中活动，散步、慢跑、跳舞、健美操、扭秧歌、练气功等等，无论哪种锻炼方式，一切由自己选择。

3. 技术要求低。“轻体育”没有过高的技术与规则要求，哪怕毫无运动基础的人，只要有健身愿望，就立即可以进入角色，不必羞于在体育上的无知，不必羞于在运动上的低能，只要按自己的意愿运动就足够了。

4. 经济负担小。体育锻炼需要场地和器械，需要付出一定的资金，如进入游泳馆、滑雪场、健身房等。这对普通家庭来讲，因经济的原因而使体育锻炼不能坚持经常。从事“轻体育”则不必为经济负担伤脑筋，在公园、广场或家里都可进行。

5. 时间要求松。“高效率、快节奏”是现代人生活和工作的一大特点，所以付出过多的时间从事体育锻炼已成为人们的一种负担。有些运动项目，不特意安排整段时间是无法进行的，人们想锻炼，苦于没时间。“轻体育”在时间要求上就宽松多了，可以利用工作的间歇进行，可以利用茶余饭后的零散时间进行，可以在早、晚进行，时间安排可长可短，完全依个人的体力、兴致、忙与闲的具体情况而定。

6. 体育锻炼轻松化。正是由于上述各方面因素的作用，人们就可以在几乎没有任何负担的情况下从事“轻体育”活动了。这过程中，可以不必为动作的笨拙害羞，不必为从事锻炼的花销而发愁，不必为占用时间过多而急躁，不必为达不到某些体育标准而沮丧。使锻炼者忘却烦恼，摒除一切不利健康的情绪影响，使活动过程不仅是健身的过程，而且是净化心灵的过程，怡情悦性的过程，是消除精神紧张的过程。

轻体育健身功能

美国哈佛大学医学院预防医学研究中心的坎内罗斯博士研究表明，轻松愉快的低能运动对人体的健康有益。“轻体育”的功能是多方面的，其主要功能是对人的生理功能、体力、能力和心理的调整；人的个性的一种展示；人的文化的一种补充；使人体在运动的实践体验中，能愉快健康地度过自己的余暇时间，以缓解工作、生活中产生的身心疲劳，消除不当负荷和困苦创伤产生的紧张情绪，使锻炼者达到自消烦恼，融乐于身的目的，形成良好的生理和心理的需求内动力。其功能主要体现在以下几方面：

1. 增进健康和健身的作用。“轻体育”之所以能成为当今世界健身新时尚，其主要原因是它的健身功能。随着生活水平和提高，生活节奏的加快，以及人们工作的紧张度不断加深，使得人们体力和精神疲劳增加，尤其是现代化生产方式和社会竞争，容易造成精神紧张和神经衰弱。而“轻体育”以丰富多彩、轻松愉快的形式，生动活泼的内容，自己喜爱的方式活动，使人获得身心的解放，恢复精神，改善情绪，增进健康。

2. 预防疾病和康复的作用。现代社会生活水平不断提高的同时，环境污染、生态失衡、文明病流行的现象出愈来愈严重。人们为了预防疾病，想方设法增强对疾病的抵抗力和对自然界变化的适应能力。“轻体育”是生命体存在样态的回归自然，使人亲近大自然，通过自然力（阳光、空气、水等）的作用，增强人体的抵抗力和适应能力，达到治病康复的目的。如不这样，生命体自身就会按照自然法则出现不良变化，而这种变化的直接显现就是疾病的发生。低能轻快运动还可刺激机体内免疫系统，使体内免疫细胞如 NK 细胞、K 细胞、T 和 B 淋巴细胞、巨噬细胞的数目增多，功能活性增强，抗体及细胞因子分泌增多，增强免疫力，增强机体的抗病和防病能力。

3. 愉悦身心的作用。现代医学向人们揭示了人作为一个整体，其生理和心理的紧密相关，指出身体健康是心理健康的基础和前提，心理健康是身体健康的保证和动力。适度负荷的身体锻炼能使人体内释放一种多肽物质——内啡肽，它使人产生欣快和镇静。“轻体育”是使中枢神经系统得到适度的激活并达到愉快水平的手段，使人们在从事锻炼后能直接感受到舒适愉快的心情，这种效应可以是即刻出现，也可以是在多次身体负荷之后有所体验。“轻体育”在如此众多的健身项目中，锻炼者往往不拘形式，不求胜负，而是追求一种高雅和谐、轻松愉快的自我个性解放境界，从而达到既强身健体又丰富了业余文化生活的目的。

常识与注意事项

CHANGSHIYUZHUYISHIXIANG

极点的出现

在进行较长时间的剧烈运动，尤其是在中长跑比赛时，由于运动开始阶段内脏器官的活动能力落后于运动器官的需要，往往出现跑到中途感到呼吸困难、胸部发闷、口干舌燥、四肢乏力、下肢沉重、动作失调等现象。这在运动生理学上称为“极点”。如果在“极点”出现以后，坚持下去，过一会儿所有以上不适的症状，就会全部消失，呼吸重新变得通畅，动作协调，步伐轻快，这种现象称为“第二次呼吸”。

“极点”的产生是人体植物性器官（内脏器官）惰性所引起的，也就是当肌肉系统已经以最快的速度参加工作时，而血液循环系统和呼吸系统等，还停留在较低的水平上进行工作，肌肉活动与内脏活动的不平衡，导致了“极点”的出现，而随着工作时间延长，内脏器官活动的加强，两者的工作水平接近平衡，因而导致“第二次呼吸”的出现。

“极点”现象出现的早晚，持续时间的长短和症状的轻重，与训练水平密切相关。经过系统训练的参训者，一般“极点”出现较晚，持续时间较短，症状表现较轻。高水平的参训者，在中长跑时“极点”可以完全不出现。反之，无训练者或初练长跑者，则“极点”出现早、持续时间长、症状表现重，但只要坚持，“极点”现象就会减弱。所以说克服“极点”现象，也是意志的锻炼。

据实验表明，青少年在运动前做好充分的准备活动，预先提高内脏器官的机能水平，使内脏器官的支配神经提高到一定的兴奋程度，以适应身体剧烈运动的需要。在起跑以前，站在起跑线上做几次深呼吸，都有利于克服或减轻“极点”的不良影响。如果在跑的中途出现“极点”时，要注意步频与呼吸节奏的调整。也有观点认为，在出现“极点”时，应注意多呼气，以减少呼吸道内滞留的废气，增加新鲜空气的吸入，提高氧气和二氧化碳的交换比率，对“极点”的克服有积极的作用。

运动中的腹痛

腹痛在运动过程中较常发生，尤其在中长跑或竞技体育的马拉松、竞走、自行车及篮球等运动项目中发生率较高。其中有1/3的人查不出产生原因，而仅与运动训练的一些因素有关。这类的运动性腹痛，多在安静时不疼，运动时才出现，而疼痛的程度与运动量的大小、运动强度、运动速度等因素成正比。

产生的原因

运动性腹痛的发生，往往与下列一些因素有关：缺乏训练或训练水平低；准备活动做得不充分；身体状况不好，劳累，精神紧张；呼吸与动作之间的节奏配合不好；膳食制度不合理，饮食上存在问题；运动速度和强度加得过快或太突然等。

从产生的原理看，可能是：

1. 肝脾郁血：肝脾郁血肿胀，增加了肝脾被膜的张力，使肝脾被膜上的神经受到牵扯，因而产生肝脾区疼痛。疼痛性质多为钝痛、胀痛或牵扯性痛。这可能与心脏血管系统血液动力学障碍和肝脾功能因剧烈运动而减弱有关。如准备活动不充分，开始运动时速度过快或强度过大，以致内脏器官的功能还没有提高到应有的活动水平上就承担了过分的负荷，特别是心血管系统还未充分动员或心肌力量较差时，心脏搏动就不充分或无力，影响了心脏内血液的排空和静脉血的回流心脏，使下腔静脉压力上升，肝脾静脉回流受阻，从而使血液郁积在肝脾内。另外，剧烈运动时如呼吸急促而表浅或膈肌活动紊乱，造成胸内压力上升，也会使下腔静脉和肝脾静脉回流障碍。

2. 呼吸肌痉挛或活动紊乱：其发生可能是由于运动中未注意呼吸节律与动作的协调，未注意加深呼吸，以致呼吸肌活动紊乱，呼吸急促而表浅，呼吸肌收缩不协调，过于频繁，过度紧张与劳累，而使呼吸肌发生痉挛或细微损伤。另外，准备活动不够，运动速度和强度增加太快，心肺功能赶不上肌肉工作的需要，导致呼吸肌缺氧，这样不仅易发生肌肉痉挛，而且也加剧了疼痛的出现。其疼痛性质多为锐痛，与呼吸活动有关，患者往往不敢做深呼吸。疼痛部位以季肋部和下胸部为多见。

3. 胃肠道痉挛或功能紊乱：其发生可能是剧烈运动使胃肠道缺血、缺氧或淤血，或因受各种刺激因素而致。胃肠道痉挛或蠕动功能紊乱，可使胃壁、肠壁和肠系膜上的神经受到牵扯，胃肠道的肌肉发生挛缩，因而产生疼痛。疼痛性质可以是钝痛、胀痛甚至绞痛。饭后过早参加运动，运动前饮食过多使胃部过胀、空腹运动（胃酸或冷空气对胃的刺激）等，都可能引起胃部胀痛或痉挛，其疼痛部位在剑突下的上腹部。运动前吃了易产气或难消化的食物（如豆类、薯类、韭菜、牛肉等），可引起肠蠕动增加或痉挛，其疼痛部位多在脐周围。宿便刺激也可引起肠痉挛，其疼痛部位多在左下腹。

此外，运动中腹痛也可因腹腔内、外疾患而引起。腹腔内疾患以肝炎、胆道疾病（如胆囊炎、胆石症、胆道蛔虫病等）、消化道溃疡病、阑尾炎、肠道寄生虫病（以蛔虫最多）、腹部着凉等为最多见。腹腔外疾患以腹痉挛、腹直肌慢性损伤等较多见。

处理与预防

对运动中出现的腹痛，由于产生的原因不同，处理方法也不相同。对因心血管机能障碍造成的静脉回流障碍和准备活动不够引起的运动中腹痛，可采取降低运动强度，放慢跑速，同时用手按压疼痛部位，并做深呼吸的方法解除疼痛。采取上述措施后，由于被动地促成静脉回流加快，减轻了肝脾瘀血程度，一般可使腹痛程度缓解，直至消失。在这种情况下，可以继续运动。对由于胃肠饱胀、运动时间安排不合适和慢性腹内疾患在运动中发生的腹痛，采取上述措施无效时应停止运动。

在预防上主要应注意的是，在训练时应遵守训练的科学原则，要循序渐进地增加运动量。加强全面的身体训练，提高身体的生理机能水平。膳食安排要合理，饭后须经过 1 小时左右才可进行剧烈运动，运动前不宜过饱或过饥，也不要饮过多汤水。要充分做好准备活动，运动中注意呼吸节律，中长跑或越野跑要合理分配速度。对于各种疾患引起的腹痛，应就医检查确诊，彻底治疗。在疾病未愈前不要参加剧烈的、长时间的运动。

腿抽筋了怎么办

肌肉痉挛俗称抽筋，是肌肉发生不自主的强直收缩而不能放松，引起局部疼痛和活动障碍的现象，局部肌肉痉挛时，疼痛难忍，痉挛处肌肉坚硬，而且一时不能缓解。多见于游泳、田径、篮球等项目，其中以游泳较为常见。运动中发生痉挛大多在小腿、手指、脚趾，甚至腹部也可能发生。

产生的原因

肌肉痉挛的原因是多方面的，主要有以下几种：

1. 寒冷刺激肌肉受到低温的影响，兴奋性增高，易使肌肉发生强直收缩。如游泳时受到冷水刺激，冬季户外锻炼时冷空气刺激，都可以引起肌肉痉挛，如果在寒冷的运动环境中未做准备活动或做得不充分，或未注意保暖，就更容易发生肌肉痉挛。

2. 电解质丢失过多。运动中大量排汗，特别是长时间的剧烈运动或高温季节运动时，电解质从汗液中大量丢失。电解质与肌肉的兴奋性有关，丢失过多，肌肉的兴奋性增高，可发生肌肉痉挛。

3. 肌肉连续过快收缩而放松不够。体育训练或比赛中肌肉过快地连续收缩，而放松时间太短，以致收缩与放松不能协调地、成比例地交替，从而引起肌肉痉挛。这在初参加训练者中多见。

4. 疲劳身体。疲劳会影响肌肉的正常生理功能，疲劳的肌肉往往血液循环和能量代谢发生改变，肌肉中会有大量的乳酸堆积，乳酸不断地对肌肉收缩物质起作用，致使痉挛产生。因而身体疲劳时，特别是局部肌肉疲劳状态下再进行剧烈运动和做些突然紧张用力的动作，就容易引起肌肉痉挛。

处理与预防

出现不太严重的肌肉痉挛，只要以相反的方向牵引痉挛的肌肉，一般可以使其缓解。牵引时切忌暴力，用力宜均匀、缓慢，以免造成肌肉拉伤。小腿背部腓肠肌痉挛时，可伸直膝关节，同时用力将踝关节充分背屈；足部屈拇肌和屈趾肌痉挛时，可用力将足或足趾背屈。此外，还可配合局部按摩，采用重力按压、揉掐和点掐委中、承山、涌泉等穴。严重的肌肉痉挛有时需采用麻醉才能缓解。处理时要注意保暖。若是游泳中发生肌肉痉挛时，不要惊慌，如自己无法处理或缓解时。可先深深吸一口气，仰浮于水面，并立即呼救。在水中解救腓肠肌痉挛的方法是：先吸一口气，仰浮水面用抽筋肢体对侧的手掌压抽筋肢体的足趾，用力向身体方向拉，同时，用同侧的手掌压在抽筋肢体的膝盖上，帮助将膝关节伸直，待缓解后，慢慢地游向岸边。发生肌肉痉挛后，一般不宜继续游泳，应上岸休息、保暖、按摩局部。

预防肌肉痉挛，应主要加强身体锻炼，提高机体的耐寒能力和耐久力。健身锻炼前必须认真做好准备活动，对容易发生抽筋的肌肉可事先做适当的按摩。冬季锻炼要注意保暖，夏季运动时，尤其是进行剧烈运动或长时间运动时，要注意电解质的补充和维生素 B_1 的摄入。疲劳和饥饿时不宜进行剧烈运动，游泳下水前要事先用冷水冲淋身体，使身体对寒冷有所适应，水温低时游泳时间不宜太长。在运动过程中要学会肌肉放松的能力。

肌肉酸痛是正常

长时间或强度较大的体育锻炼后，骨胳肌常伴随有酸痛现象。特别是缺乏锻炼的人如果进行剧烈运动，参与活动的那些肌肉群就可能出现酸疼和僵硬。肌肉是否酸痛，要在活动中才能感受到，产生酸痛的肌肉若不运动也感受不到。因此常影响着健身锻炼的进行与肌肉收缩力的正常发挥。

肌肉酸痛可分为即刻痛与延迟痛两类。即刻痛是指运动中和运动后很快便能感到酸痛。一般很快可自行消失。延迟痛是运动后 8～24 小时产生的肌肉酸痛，可延续 1～2 天，甚至更长时间。

1. 肌肉酸痛产生的机理

即刻痛产生的机理曾经有以下几种看法：

（1）剧烈运动中肌肉代谢产物特别是乳酸的堆积所致。认为代谢产物堆积可对神经末梢有刺激作用，或引起局部水肿；

（2）因剧烈运动肌肉组织供血不足，局部缺血所致；

（3）大强度运动可能引起肌肉组织本身损伤而致痛；

（4）因肌肉痉挛所致痛。

研究发现，有的人进行习惯的大强度运动后，血乳酸浓度很高时并不引起肌肉酸痛。因此第一种看法依据不够充足。关于组织损伤而引起酸痛的看法，也已不被多数学者所接受。因为即使是损伤致痛，也不可能运动后立即痊愈。

2. 延迟痛产生的机理目前主要有两种假说：

损伤假说：认为未经训练的骨胳肌，参加长时间的工作可能受损伤，酸痛由肌组织的结构损伤引起，包括肌纤维的损伤与结缔组织的损伤。

痉挛假说：认为延迟性肌肉酸痛由局部运动单位的强直性痉挛引起。运动造成局部缺血，引起一些致痛物质产生，或称为 P－物质，当这种物质堆积到一定程度时，便刺激肌肉内的痛觉神经末梢，而引起疼痛，疼痛又反射性地引起痉挛，痉挛使局部组织缺血加剧而造成恶性循环。

3. 延迟痛的预防和缓解方法

缓解肌肉酸痛大多采用伸展拉长肌肉的方法。从神经系统来看牵拉肌肉可以改变相应中枢的兴奋性，并通过负牵张反射的作用来阻断由于肌肉兴奋性过高引起的痉挛，以及改善由痉挛引起的局部组织缺血，从而改进肌肉的血流，促使受损组织康复。同时静力牵张可以改善酸痛肌肉的兴奋性。在运动后即刻到肌肉产生酸痛前反复用拉长肌肉的方法，对缓解肌肉的酸痛效果更为明显。

缓解方法还可以用热敷来改善血液循环，缓解肌肉痉挛，有利于受损组织的再生与修复，也有的采用局部按摩和电疗来使肌肉舒张，促进组织代谢，达到解除肌肉酸痛的目的。也可以口服维生素 C，来防止或减轻肌肉的疼痛。

不要运动过度

运动过度产生的原因

主要是锻炼安排不当。锻炼中未遵守循序渐进和系统性原则，缺乏明显的节奏，过多地采用与身体锻炼水平不相适应的运动量，持续地大运动量锻炼；或身体好时就剧烈运动，身体差或情绪不佳时就不练；锻炼中未充分注意个人特点、区别对待（如年龄、性别、锻炼水平等）；带病锻炼，或伤病、手术后身体未完全康复即投入锻炼以及生活规律遭到破坏，休息、睡眠不足，旅途劳累，营养不当，不良的环境、心理因素的作用等原因，也可能诱发过度锻炼综合症。

运动过度的主要征象

过度锻炼的征象是多种多样的，可涉及各个系统和器官。早期往往精神不振、无力、易感疲劳、不愿参加锻炼，大多数人有睡眠不好甚至失眠、头昏或头痛、记忆力减退、食欲不佳、运动能力降低、成绩停滞或下降的现象，少数人有耳鸣、心情烦躁、容易激动等症状。若未引起注意，没有采取必要措施，则症状进一步加重，机体更虚弱，活动时很快出现疲劳，易出汗，体重持续下降，易患感冒或其他疾患，同时出现各器官系统功能失调的现象，且容易诱发意外损伤。

处理与预防

关键在于早期发现，及时处理。处理的重点是消除病因。一但发现有过度锻炼征象，必须改变锻炼计划，积极调整运动量，控制锻炼强度和时间，减少速度和大强度的力量练习，减少高难度的动作和专项锻炼，减轻精神负担，多辅以全面锻炼和放松性练习。要保证充足的睡眠，增加积极性休息时间，积极从事康复性医疗体育活动（如太极拳、气功、温水浴、按摩等），加强营养，多吃新鲜蔬菜和水果。按病情适当给予药物治疗。过度锻炼轻者一般两三周可愈，较重者需 2～3 个月，严重者则往往需半年以上。病愈后恢复锻炼时，要逐步增加运动量，防止复发。

在预防上要定期进行体格检查和身体机能检查；在制订锻炼计划时，要考虑到机体的可接受性与个体特点；要遵循科学锻炼原则，加强身体全面锻炼，注意锻炼的节奏和大中小运动量的合理安排；大运动量比赛后要采取积极的恢复措施；要有充分的休息，充足的睡眠，注意劳逸结合，营养要充足，多食一些富有维生素和矿物质水果、蔬菜；生病时不应参加锻炼和比赛，病后恢复锻炼时要逐渐增加运动量；加强医务监督和自我监督。此外，锻炼要注意环境、气候和季节的变化，采取适当措施。

缓解运动疲劳

疲劳常用“累”来表示，一般来说谁都有过这种体验。人体活动到一定程度时，组织器官乃至整个机体工作能力暂时降低的现象叫疲劳。疲劳又分为身体紧张为主的身体疲劳和精神紧张为主的精神疲劳。

疲劳产生的原因

人为什么会疲劳？许多学者的研究指出，无论身体疲劳与精神疲劳，都是大脑皮质的保护作用。内环境变化促进了大脑的保护性抑制，疲劳代表着中枢神经系统工作能力的降低。当肌肉活动到某种程度时，能源物质耗竭、血液中代谢物堆积、内环境稳态失调等因素，都是产生疲劳的原因。由此可见，疲劳是生命体对内外环境适应所作出的反应，也是一种生理性防御反应。从这种意义出发，重视对疲劳的认识和采取措施消除疲劳有相当重要的意义。

运动时人体产生的疲劳是一种综合性的生理过程。它首先伴有内环境的变化和不同生理功能的失调，从而导致中枢神经系统的保护性反应。疲劳的症状大致包括以下几个方面：

一是自我感觉方面：全身疲倦、头重、嗜睡、无力等；

二是精神方面：精神不集中、焦躁不安、没有耐性、情绪低落、无热心、经常出差错；

三是全身方面：面色苍白、眩晕、肌肉抽搐、呼吸困难、口舌干燥、声音嘶哑、腰酸腿疼等。

当机体出现这些疲劳症状时，要及时休息，并对运动内容进行必要的调整，才有利于疲劳的恢复。

疲劳的恢复

既然疲劳是由身体活动和精神性刺激引起的，那么停止进行身体活动和尽快脱离环境，无疑是最好的消除疲劳、预防疲劳产生的手段。许多研究者将疲劳的消除法划分为两种形式：一种是静止性休息，一种是活动性休息（也叫积极性休息）。两种方法都有对身体有利和不利的一面，正确的方法是两种疲劳消除法结合使用。静止性休息时，诸如良好的睡眠或安静环境下的静坐，都有助于体内各系统功能的自然调整和大脑皮质的暂时性松弛；有助于交感神经紧张的减缓和副交感神经的兴奋，有利于机体的恢复，有助于体力的复原进而促使疲劳消除。但在大多数情况下，用更换肌肉运动作为活动性休息的手段，对消除疲劳是极其有益的。

1. 活动性休息：研究证明，在疲劳后更换运动练习或做些放松动作，都可达到疲劳恢复目的。这种方法就是活动性休息。苏联生理学家谢切诺夫说“最好的休息不是安静不动，而是动静交替，令其他肌肉群活动”，进而“为消除疲劳而活动的肌群，可由刺激身体其他部位的皮肤和肌肉而使疲劳减弱，达到全身疲劳的消除”。

积极性疲劳消除的生理学依据及其效益，日本的铃木等人通过实验得出了下述几方面：

（1）神志昏迷、眩晕及恶心的防止方面：在运动结束后转入低强度、慢节奏的轻活动，心脏的泵血功能保持持续状态，机体血液循环系统活动无骤然变化，就能防止上述症状的出现。

（2）防止过剩换气：停止剧烈运动后，由于运动时欠下的氧债过多会发生急促的大喘气。当机体转换轻运动时，氧债的补偿过程就能达到逐步化，而不致于出现过剩换气现象。

（3）加速血乳酸的排泄：疲劳的原因之一是体内乳酸堆积。通过运动后的整理活动，使流经收缩肌群的血液速度仍不减慢，故能及时地把扩散到血液中的乳酸带走并排泄掉。另外，乳酸蓄积和氧债密切相关。乳酸消除率提高，氧债的消除也迅速。

2. 日常生活中的疲劳消除：及时消除疲劳，对维持健康和保持正常生活十分重要。因此在日常生活中，注意调节生活节奏，学会一些简易消除疲劳方法，很有必要。

3. 节假日的生活安排：一般的工作周期是一周。而在工作间歇穿插进休息日，是消除疲劳、防止疲劳进一步积累的绝好手段。所以，当你劳累时一定要利用星期天，对自己进行调整。星期天与其他节假日的活动要安排得有意义一些。脑力劳动者要尽量去户外做活动；体力劳动者要干一些轻松愉快的事；青少年最好到大自然中去呼吸新鲜空气；老年人应与子孙团圆使精神生活满足。

4. 保证睡眠质量：睡眠是机体进行生活、工作、运动的支柱和动力。生活的节奏是极其符合大自然的昼夜规律的，即日出而作日落而寝，这种作息规律使身体的各功能，进行着协调和谐的顺应变化。

为了保证睡眠的效果，注意如下事项是十分重要的：第一，睡眠要有规律。这对保证睡眠质量很重要，特别要养成定时入寝与定时起床的习惯。第二，保证有足够的睡眠时间（青年人8小时，老年人6小时，儿童10小时以上睡眠时间应保证）。第三，睡眠不足时应在白天补足。午睡时间以30~60分钟最适宜，可弥补一下睡眠不足。第四，优化睡眠环境。适宜的居室温度、湿度以及寝具的舒适程度，对睡眠都有一定影响，应予以注意。

5. 从膳食中摄取营养成分：疲劳的一个重要原因是能源物质的耗竭。因此，除休息和睡眠等手段外，还应补充必要的营养物质。但要注意膳食平衡原则，不能盲目补充，也不能补充过量。过量的食物还会加重身体的负担，且易造成脂肪沉积。

6. 淋浴：淋浴使皮肤保持清洁；能改善全身血液循环；加速体内代谢产物排泄和促进疲劳的消除。40度的温水浴对疲劳消除最理想，入浴时间以20分钟左右为宜。此外，新近兴起的涡流浴、桑那蒸气浴以及各类保健浴，对疲劳消除也有一定效果，但必须掌握科学的入浴方法。

7. 按摩：以全身性、轻手法按摩效果最明显。按摩促进疲劳恢复的机理是，通过按揉手法，使皮肤和肌肉的血液、淋巴循环加强，穴位刺激还能对神经系统起作用。应该注意的是按摩应限制在30分钟左右，不能过长和手法过重。

8. 音乐欣赏：音乐的奇特效益是令人难以估量的。对疲劳过度的人，音乐可使他们全身松弛下来。特别是低音域的音乐和歌曲，能使脑的供血充足、精神放松以及胃肠的消化功能提高，因而也是一种消除疲劳的有效手段。

以上，分别叙述了消除疲劳恢复体力的主要措施。单独采纳任何一种方法，其效果都不理想，必须依据每个人的具体情况，进行综合的运用，疲劳恢复效果才显著。

运动性贫血

血液中红细胞数和血红蛋白量低于正常值，称为贫血，它不是独立的疾病，仅是一种征象，可由多种病因所引起。运动中发生贫血，除有一般人的发病原因之外，更有一种仅是因运动锻炼因素而导致的贫血，这种贫血称为运动性贫血。

产生的原因

红细胞破坏增加可导致贫血。运动时，由于脾脏释放出溶血卵磷脂，使红细胞的脆性增加，红细胞膜的抵抗力因而减弱，再加上运动时血流加速，使红细胞相互间、红细胞与血管壁间猛烈撞击和摩擦增加，造成红细胞破裂和溶血，从而导致运动性贫血。

其次，蛋白质和铁的摄入量不足和消耗增加也可导致贫血。运动时，新陈代谢旺盛，肌肉增长使蛋白质的需要量增加，而运动时出汗，使铁的排泄量增多，所以如果食物中没有足够的蛋白质和铁的补充，机体蛋白质和铁的不足而影响血红蛋白的生成，从而引起运动性贫血。

症状表现

运动性贫血发病缓慢，其主要症状为头昏、眼花、乏力、易倦、食欲不振、体力活动差、运动中易出现心悸、气促、心跳加快、运动成绩下降。主要体征有眼结膜苍白、皮肤发白无血色、安静时心率加快，心尖部有吹风样收缩期杂音。血液检查可发现红细胞和血红蛋白值低于正常数值（男红细胞数低于400万/立方毫米，血红蛋白低于120克/升；女的低于350万/立方毫米和105克/升，14岁以下儿童少年应不低于120克/升）。

患者的症状轻重程度与血红蛋白的多少和运动量的大小有密切关系。例如，当某女青年的血红蛋白在100~105克/升时，一般仅在大运动量才有的征象，如低于90克/升时，则在中等运动量就会出现症状。

在确诊运动性贫血前，必须排除其他原因所引起的病理性贫血。在鉴别时，应由全面、详细的医学检查来做出判断。但有一点可以作为诊断运动性贫血的参考依据。运动性贫血的特点是：如果明显减少或停止运动锻炼一段时间后（一个月），红血球和血红蛋白值明显增加；如锻炼停止后，营养供应又较充足、完善，但并未见红血球和血红蛋白增加，或增加较少者，则应考虑为病理性贫血。

处理与预防

应减小运动量，必要时可停止正常锻炼。一般来说，当男子的血红蛋白在100~120克/升，女子在90~110克/升时，可边治疗边锻炼，但锻炼时要减小强度，避免长跑等耐力性运动；而男子低于100克/升，女子少于90克/升时，应停止大运动量锻炼，以治疗为主。饮食宜富有营养，摄取蛋白质、铁质、维生素较多的食物。可服用抗贫血的药物，为了促进铁的吸收，可同时服用维生素C和胃蛋白酶合剂。

合理安排运动量和锻炼强度，要防止过度锻炼的发生。膳食要合理，富有营养，食物加工和烹调要科学。每天每千克体重至少要保证摄入蛋白质2克以上，其中动物蛋白质应占1/3以上，必要时还可补充氨基酸和铁剂。要克服偏食和吃零食的不良习惯。合理安排生活制度和膳食制度。

女生们注意了

青少年女生经常参加体育锻炼，不仅可以促进身体的生长发育，提高身体各器官系统的功能水平，使之能更好地胜任学习任务，而且还可以使身体各部的肌肉得到协调均匀的发展。但是由于进入青春期发育后，内分泌和生殖系统的迅速发育，使她们身体各方面出现急剧变化，男女学生在形态上，生理功能和心理特征方面都出现较大的性别差异。特别是在运动能力上出现了很大的差异。这个时期的女学生除心脏、呼吸、骨骼和肌肉等方面的发育和功能与男生的区别越来越显著以外，还出现了月经的周期性变化。月经是一种正常的生理现象。月经前和月经后盆腔充血而出现的腰酸、小腹坠胀及乳房胀痛等现象，以及伴随出现的疲倦、嗜睡、情绪波动、头痛、轻度浮肿等症状均属正常现象。

月经期应保持心情舒畅，情绪稳定。注意饮食卫生，吃易消化、营养丰富的食物，避免食生冷和刺激性食品。多喝水，保持大便通畅。注意休息和睡眠，避免身体（尤其是下半身）受凉。避免在湿地久坐、涉水或淋雨，忌用凉水洗澡、洗头、洗脚。注意外阴部的清洁与卫生。

在月经期，参加体育锻炼应根据个人情况具体对待。遇有月经紊乱、痛经等现象发生时，应暂停体育锻炼。如月经正常，无特殊反应，身体健康的女子在月经期不必完全停止体育锻炼，可以适当参加的体育活动，如羽毛球、乒乓球等。通过这些活动，不仅可以改善盆腔的血液循环，减轻盆腔的充血现象，而且腹肌与盆底的收缩与放松活动对于子宫所起的柔和的按摩作用，还有助于经血的排出。但月经期间，由于子宫口松弛，子宫易被感染，因此应十分注意经期卫生。但是由于多数中学女生出于一种害羞心理，对生理知识了解过少，再加上月经期生理上的一些反应，因此使她们在月经期对体育运动产生一种畏惧的心理，不敢进行适当的体育锻炼。中学女生这种畏惧、焦虑心理的产生与她们的身体发育和月经期的特点有着密切的关系。

月经期参加体育锻炼，运动量应小些，时间也不宜太长，可在早操、课外活动时间做轻微活动，如徒手体操、散步、慢跑等。应避免从事强度大、震动大、增加腹内压力及憋气的静力性练习，以免引起经血过多或改变子宫位置。由于子宫口开放，子宫内膜破裂出血，阴道内酸碱度降低，易感染病菌，故不宜游泳，以免病菌侵入内生殖器官，引起炎症性病变。

女生在月经期间，不仅需要注意个人卫生，还要保持乐观的心情，这些都可以很好地进行自我调理，及时地注意月经期间的护理，也可以预防各种妇科疾病，建议女生们可以注意以下4点：

1. 内裤要柔软、棉质，通风透气性能良好，要勤洗勤换，换洗的内裤要放在阳光下晒干。

2. 保持精神愉快，避免精神刺激和情绪波动，个别女生在月经期有下腹发胀、腰酸、乳房胀痛、轻度腹泻、容易疲倦、嗜睡、情绪不稳定、易怒或易忧郁等现象，均属正常，不必过分紧张。

3. 注意卫生，预防感染。注意外生殖器的卫生清洁。注意保暖，避免寒冷刺激。避免过劳。经血量多者忌食红糖。

4. 不宜吃生冷、酸辣等刺激性食物，多饮开水，保持大便通畅。血热者经期前宜多食新鲜水果和蔬菜，忌食葱蒜韭姜等刺激运火之物。气血虚者平时必须增加营养，如牛奶、鸡蛋、豆浆、猪肝、菠菜、猪肉、鸡肉、羊肉等，忌食生冷瓜果。

运动中常见情况及处理措施

YUNDONGZHONGCHANGJIANQINGKUANGJICHULICUOSHI

应急处置原则

在体育运动中，很容易造成运动损伤、发生意外，这不单是准备活动不充分造成的，还与运动负荷量、气候变化、心理素质等密切相关。在发生运动损伤后，要及时进行急救措施，减少损伤程度，这种急救措施被称为“应急处置”，也被称为“RICE 原则”，主要包括：制动（rest）、冷敷（ice）、加压（compression）、抬高（elevation）四个方面。

1. 制动（rest）

制动对于骨骼肌的损伤来说是不可缺少的。制动主要是立即停止运动，让患部处于不动的状态。运动终止后的制动可以控制肿胀和炎症，可以把出血控制在最小的限度内。然后用石膏、拐杖或者支架把处置过的患部固定住。受伤后固定 2 ~ 3 天，不仅可防止并发症的发生，而且对治疗也有一定的帮助。

如果过早地活动患部，不仅会出现内出血等症状，还可能使其机能损伤进一步加重，使恢复时间拖得更长。

2. 冷敷（ice）

冷敷在应急处置中是效果最为明显的。因为冷敷既可以减轻疼痛和痉挛，减少酶的活性因子，同时又可以减少机体组织坏疽的产生，在受伤后4～6小时内所产生的肿胀也会得到一定程度的控制。冷敷还可以使血液的黏度增加，毛细血管的浸透性变少，减少限制流向患部的血流量。

3. 加压（compression）

在几乎所有的急性损伤中都采用加压包扎的方法，加压同冷敷和抬高一样都是最重要的处置手段。加压包扎既可使患部内出血及淤血现象减轻，还可防止浸出的体液渗入到组织内部，并能促进其吸收。加压包扎有很多方法，可以把浸水的弹力绷带放进冷冻室，这样可同时起到冷敷和加压的作用，还可以使用毛巾及用海绵橡胶做的垫子来进行加压包扎。例如，踝关节扭伤时，可用“U”字形的海绵橡胶垫子套在踝关节上，然后用胶布或者弹力绷带固定。采用以上的加压包扎可以防止和减轻踝关节周转的浮肿。冷敷是间断性的，而加压则在一天中都可以连续使用。

4. 抬高（elevation）

抬高是把患部提到比心脏高的位置。同冷敷、加压一样，抬高对减轻内出血也是非常有作用的。它不仅可以减轻通向损伤部位的血液及来自体液的压力，以促进静脉的回流，患部的肿胀及淤血也会因此而得到相应的减轻。

运用以上原则时，要遵循一定的顺序：

1. 停止运动保持不动；

2. 掌握了解受伤的程度；

3. 在患部敷上冰袋；

4. 用弹力绷带把冰包固定住；

5. 把患部举到比心脏高的位置；

6. 感觉消失或者20分钟把冰袋拿掉；

7. 使用海绵橡胶垫子和弹力绷带做加压包扎；

8. 根据损伤的程度每一小时或一个半小时用冰袋进行冷敷直到患部的疼痛得到缓解为止；

9. 睡觉时把弹力绷带拆去；

10. 睡觉时也要把患部举到比心脏高的位置；

11. 次日清晨重新进行一次冷敷处置；

12. 如果受伤严重，以上程序坚持做2～3天。

针对不同程度的运动损伤，要采取不同的应急处置，在下面的几节将做详细介绍。

擦伤、挫伤

擦 伤

皮肤受到外力摩擦，发生损伤，有组织液和血液渗出，称为擦伤。在奔跑中摔倒，皮肤与地面摩擦，身体转动与器械摩擦，均可发生擦伤。

处理办法：小面积的皮肤擦伤用2%红汞或1%龙胆紫溶液涂抹伤口，用消炎油膏涂沫，盖上无菌纱布，粘膏固定，必要时缠上绷带；大面积的皮肤擦伤，伤处嵌入煤渣、泥屑时，应由医生处理。

挫 伤

人体某部遭受钝性暴力作用而引起该处及其深部组织的闭合性损伤，称为挫伤。

在体育锻炼中相互间身体碰撞，如篮球锻炼中有些人用膝盖顶撞对手的大腿；身体与器械相撞，如鞍马练习中，下肢与“马头”相撞（或跳马中胸部撞击“马头”）。初学跳水者，胸部“挨拍”，肺挫伤；物体以很快的速度打击身体的某一部分，如网球、足球、手球打击头、脸部等，均可发生挫伤。

症状表现：疼痛，疼痛程度与损伤的轻重、受伤组织的松紧度、神经末梢分布有关；肿胀，血管、淋巴管破裂、血液与淋巴液积聚于组织间隙，出现肿胀；皮肤青紫，因皮下血管出血引起；并发内脏器官破裂：出血时，出现休克症状，如头晕眼花、脸色苍白、出虚汗、四肢发凉、烦躁不安、脉搏快而弱、血压下降，甚至意识丧失。

处理方法：用冰袋敷患处，抬高肢体，加压包扎。伤员有休克表现者要保暖，送医院处理。一般挫伤48小时后出血即可停止，用热敷、按摩等方法治疗。按摩手法要轻，先按摩周围再转向中心，以不引起疼痛为原则。

上臂肌、股四头肌挫伤如处理不当，过早过多的活动，可并发骨化性肌炎（肌组织内长出骨组织），要用X线检查诊断，按医嘱处理。

那么应如何预防呢？健身锻炼时，应加强必要的保护，提高自我保护能力，穿戴好必要的保护装置，改正错误动作，禁止粗野动作。

肌肉拉伤、韧带扭伤

肌肉拉伤

肌肉锻炼不足、柔韧性差、力量弱时，易发生拉伤。最近研究证明，身体肌群（原动肌与对抗肌）的力量是成比例发展的。如正常大腿后群肌为股四头肌力量的50%～60%。在锻炼中如只锻炼股四头肌而忽略大腿后群肌，则必然破坏这一正常关系，成为肌肉拉伤的原因。

肌肉拉伤常发生于大腿后群肌、腓肠肌、股四头肌、大腿内收肌以及背部的肌肉。

症状表现：肌肉拉伤时，伤员可能听到一声响，受伤前，伤员感到肌肉痉挛或酸痛，受伤后肌肉力量削弱或部分功能丧失，受伤时，伤部有锐痛感，局部触诊能摸到凹陷，并有剧痛，还因断端收缩而出现隆起的硬块。

处理方法：一是局部冷敷，加压包扎，抬高患肢或使肌肉处于放松状态；二是在伤后24小时开始按摩或理疗。若是肌肉完全断裂者应尽快送医院缝合。一般伤后一周，症状可基本上消除，可开始做徒手的伸展练习，第二三周后可逐渐恢复正常的锻炼，但要注意锻炼前做充分的准备活动。

预防措施：要注意加强屈肌和易伤部位肌肉的力量和柔韧性练习，使屈肌和伸肌的力量达到相对平衡，这是防止肌肉拉伤的有效措施。同时应该充分做好准备活动，合理安排运动量，纠正和改进动作和技术上的缺点，以达到预防的目的。

韧带扭伤

在外力作用下，关节的活动超过正常范围，造成关节内、外侧副韧带损伤。在体育锻炼中，外踝及膝内侧韧带扭伤最多见。

踝关节内翻（屈踝、旋后、足尖内收）扭伤最常见。可能与人体踝关节的解剖结构有关，如外踝长、内踝短；外踝韧带较薄弱。也与人体的非条件防御反射有关，如足底受刺激，出现跖屈反射。所以，当脚面不稳定，如赛跑中足陷入坑洼内；做体操动作落地后，脚插在两个垫子之间；起跳落地踏在别人的脚背上等因素，都容易使足跖屈内收，外踝韧带损伤。

膝关节内侧韧带扭伤也很常见。小腿外展、屈膝、大腿内旋，是内侧副韧带损伤的诱因。受力过大，还可使同侧半月板，前十字韧带同时受伤。

在疲劳、准备活动不充分、肌肉力量不足不能保护关节时，容易使韧带受伤。

症状表现：韧带断裂时，患者能听到断裂声；受伤关节疼痛、肿胀、皮下瘀血、关节功能障碍，受伤后，患者行走困难，行走时关节有不稳定感；检查关节的活动范围，能感知关节韧带松弛，这就可以估计到关节韧带存在着较严重的损伤。

处理方法：在发生关节韧带扭伤的当时，应施行冰敷、压迫包扎、抬高患肢；在48小时后可开始按摩、理疗；应检查韧带的损伤程度，如有断裂，需送医院手术缝合，同时应做X光检查，看是否并发骨折；在出血停止、肿胀消除后，可在无痛范围内活动关节。

预防措施：平时应重视踝、膝的肌肉力量和关节协调性锻炼，如负重提踵、跳绳、足尖走路、负重半蹲起、站桩等练习。做好场地的卫生检查，准备活动要充分，提高落地动作的技术水平。同时在体育锻炼中要防止撞人犯规等粗野动作。

疲劳性骨膜炎、腱鞘炎

疲劳性骨膜炎

疲劳性骨膜炎易发于初参加运动或运动量突然猛增的人，多发生在胫、腓骨和尺、桡骨。在田径运动中，由于锻炼方法不当，跑跳练习过于集中，如在一段时间内过多地采用跨步跑、后蹬跑、高抬腿跑或“蛙跳”等练习，加上跑跳的动作不正确，落地时不会缓冲，使屈肌群过度疲劳；或场地过硬，使小腿受到较大的反作用力，就会使胫骨、腓骨或跖骨发生疲劳性骨膜炎。在体操运动中前臂过多地支撑和旋转（跳马、鞍马等），自行车运动中道路不平产生的颠簸振动，也可使桡骨或尺骨发生疲劳性骨膜炎。

骨膜炎是对运动量过大的一种不适应反应，因此，炎症早期应调整运动量，减少局部负荷，适当治疗使炎症消散、组织修复，由不适应转为新的适应，随之提高负荷能力；如果处理不及时，病症会进一步恶化，造成疲劳性骨折。

症状表现：疼痛，轻者在锻炼后局部出现疼痛，尤以大运动量锻炼后加剧；重者行走或不运动时均痛。个别患者夜间痛，疼痛性质多为隐痛、牵扯痛，严重的有刺痛或烧灼痛。肿胀，局部软组织有轻度凹陷性水肿。压痛，在骨面上能摸到压痛点，有的较局限，有的较分散。后蹬或支撑痛，胫腓骨骨膜炎患者有后蹬痛。尺、挠骨骨膜炎有支撑痛。局部灼热，早期可有皮肤发红，触之有轻微灼热感。X线检查，早期骨膜无明显改变，逐步出现骨膜增生，骨皮质边缘粗糙、增厚成层状。如出现骨质稀疏、骨纹理紊乱，如溶雪样，则可能发生疲劳性骨折。

处理方法：早期或症状轻者，局部可用弹性绷带包扎，适当减少局部负荷，继续从事运动，随着负荷能力的提高，经 2~3 周后症状可自行消失。症状严重的患者，除减少局部负荷（跳跃、支撑等）外，还要外敷新伤药或用温水浸浴，配合按摩治疗。也有人用紫外线照射患处，以加速异位性骨化。疼痛剧烈者在休息时要抬高患肢。待症状缓解后，逐步增加局部负荷，但仍应避免做单一的长时间的跳跃或支撑动作。如经一般处理后，局部症状无改善甚至加剧者，应拍 X 光片确诊是否为疲劳性骨折。

预防措施：锻炼中应遵守循序渐进的原则，防止突然连续加大运动量，避免长时间过分集中的跑、跳、后蹬、支撑等练习。及时纠正错误动作，锻炼前充分做好准备活动，锻炼后可采用自我按摩或做放松练习，避免在过硬的场地上做过多的跑、跳、后蹬等练习。

腱鞘炎

腱鞘又称滑液鞘，它是由双层滑膜构成的长管形纤维组织，两层之间有滑液，内层覆盖于肌腱表面，外层借助纤维组织附着在肌腱周围的韧带及骨面上，肌腱鞘的做用是减少肌腱活动时的摩擦。人的肌腱鞘主要分布在跨越手指、手腕、踝关节等部位的肌腱上。此外，肱二头肌长头腱也有腱鞘存在。

由于肌肉反复收缩牵拉肌腱，腱鞘受到过度摩擦或挤压而发生损伤引起腱鞘炎。其发生多与锻炼项目特点、局部组织劳损有密切关系。如，在体操运动中吊环、单杠、双杠、高低杠的转肩动作；举重运动中的抓举，以及排球、乒乓球、羽毛球的高位扣球等，都有肩关节长期超范围的转肩活动或臂上举后又突然向后伸，肱二头肌长头肌腱在结节间沟内不断抽动或横向滑动，加上锻炼安排不当，局部负担过重，致使该肌腱的腱鞘受到反复摩擦而产生肱二头肌长头肌腱腱鞘炎。

此外，田径运动中经常用足尖跑跳的青少年，容易发生腓骨长短肌、胫骨后肌、拇长屈肌腱腱鞘炎；竞走锻炼时，因足跟先着地，则可发生胫骨前肌和趾长伸肌腱腱鞘炎。

症状表现：疼痛和压痛，在急性期更明显，如桡骨茎突部腱鞘炎，桡骨茎突部有疼痛和压痛，疼痛有时向同侧肩、肘部和全手放射，局部皮下可触及一腱鞘肥厚发硬肿块及出现摩擦音；手指屈肌腱腱鞘炎，在掌指关节或指间关节掌侧部有疼痛和压痛，其疼痛可向同侧腕部放射，但病程长者疼痛可消失，仅遗留弹响现象；肱二头肌长头肌肌腱腱鞘炎，在肩关节前部肱骨结节间沟处有明显疼痛和压痛，上臂外展上举作反弓动作时疼痛加剧，其疼痛可向上臂的前方和三角肌下放射；踝部腱鞘炎，由于病变的部位不同，其疼痛和压痛的表现各异，如胫骨前肌、趾长伸肌腱腱鞘炎，表现为踝前部疼痛和压痛；腓骨长、短肌腱腱鞘炎，为外踝后部疼痛和压疼；胫骨后肌、拇长屈肌、趾长屈肌腱腱鞘炎，则为内踝后部疼痛和压痛。

肿胀，急性期局部肿胀明显，病程长者则肿胀减轻或消失，仅遗有腱鞘增厚发硬现象。功能障碍，急性期由于局部炎性病变，活动时疼痛加剧而引起；慢性期则因腱鞘增厚管腔狭窄，使活动不便所致。

处理方法：急性期局部应休息或制动，积极治疗，以免发展为慢性，对一般患者则应减少局部的活动，适当改变锻炼内容和方法，有利于提高疗效。运动员一般应在活动时局部无疼痛的情况下，才能从事原项目的正规训练。

同时可采用局部热敷或中药熏洗，并配合按摩和关节的屈伸活动，每日 1～2 次，效果较好。慢性期痛点局限，用强的松龙鞘内注射，效果显著。病程长、腱鞘增厚、交锁严重或发生软骨变性时，可酌情采用手术疗法。

晕厥、脑震荡

晕　厥

晕厥是指突然发生的、暂时性的知觉和行动能力丧失的状态。大多因脑部供血供氧不足所引起，它也可以是过度紧张的一种表现。

其产生的原因有：

1. 精神和心理状态不佳。如锻炼者过于紧张和激动，见到别人受伤、出血而受惊、恐怖等。这是因为神经反射使血管紧张性降低，引起急性广泛的周围小血管扩张，血压下降，从而导致脑部供血不足。

2. 直立性血压过低。在长时间站立不动，久蹲后突然起立，长期卧床后突然坐起或站立等体位急变时，由于植物性神经功能失调，体内血液重新分布的反应能力下降，引起直立位时血压显著下降，使脑部供血不足。

3. 重力性休克。主要是由于疾跑后立即站立不动引起。运动时下肢肌肉毛细血管大量扩张，循环血液量明显增加（较安静时高30倍），一旦突然中止肌肉运动，下肢的毛细血管和静脉失去肌肉收缩对它们的节律性挤压作用，再加上血液本身的重力，使血液大量聚积在下肢血管中。回心血量明显降低，心输出量也随之减少，从而导致脑部供血不足。

4. 其他如损伤后剧烈疼痛、低血糖、中暑、心脏节律紊乱或心脏病，腹腔太阳丛或颈动脉窦受打击等，亦可引起。

症状表现：突然失去知觉，昏倒。发生前病人可感到全身软弱无力，头昏，眼前发黑，耳鸣、恶心，出虚汗和面色苍白等。昏倒后，皮肤苍白，四肢发凉，脉搏细弱，呼吸增快或缓慢。一般在昏倒片刻之后，由于脑贫血消除即清醒过来（其他原因引起者则需要解除病因后才易恢复知觉）。醒后精神不佳，仍有头晕、软弱感。在诊断时。要详细了解发生原因和发生时的情况。

现场急救：使患者平卧或头部稍低位，安静，保暖，松解衣领束带，用热毛巾擦脸，做下肢（从足部起）向心性推摩或揉捏，嗅以氨水或点掐、针刺人中、百会、合谷、涌泉等穴，如有呕吐，宜将患者头部偏向一侧，如呼吸停止，应做人工呼吸，在知觉恢复前，或有呕吐者，均不宜给任何饮料。醒后可给以热饮料或吃少量食品（低血糖者），注意休息。

预防措施：平时要坚持体育锻炼，提高血管运动机能水平。久蹲后应慢慢起立，疾跑后不要马上站定，当有晕厥前征象时，应立即俯身低头或躺下。平时加强心理和意志锻炼；举重锻炼要注意呼吸与动作配合，避免过度憋气；拳击运动时要注意防止颈、腹受击，严禁犯规动作。饥饿或空腹时不宜参加体育活动，进行超长距离运动时（如长距离越野跑，长距离游泳），应备有含糖饮料，供锻炼者途中饮用。

脑震荡

大脑神经细胞和神经纤维受到震荡后所引起的意识和机能一时性障碍，短期内可恢复。

头部受到硬物打击或头部与硬物碰撞（如头部受到湿的足球、垒球的打击，或摔倒时头部撞地面等情况），都可能发生脑震荡。

症状表现：头部受打击后，立即发生意志丧失（昏迷）数秒钟至20或30分钟不等。伤员呼吸表浅、脉搏缓慢、肌肉松弛、瞳孔放大但对称。清醒后，患者常忘记受伤的情景，并常伴有头晕、头痛、恶心和呕吐等症状。

处理方法：立即将伤员平卧，头部冷敷，身上保暖。昏迷者可刺激人中穴。呼吸障碍者做口对口人工呼吸。当伤员出现昏迷时间超过4分钟以上，瞳孔扩大，耳、口、鼻出血，眼球青紫；或伤员清醒后，呕吐剧烈，再度昏迷说明伤势较重，应迅速送医院处理。在伤员清醒后应卧床休息两周或更长时间，一定要等头痛、头晕症状消失为止。过早活动，常有头痛、头晕、血压增高等后遗症。在伤员康复后期，用“闭目举臂单腿站立平衡试验”以决定是否能参加较大强度的体育锻炼，如能保持平衡，表明已康复。

出血与止血

出　血

血液从破损的血管向外流出叫做出血。按出血的流向分为内出血和外出血。体表的切、刺伤，撕裂伤，血液流出，肉眼可看见，称为外出血。一些闭合性损伤，如脑挫伤或肌肉断裂、血液流入组织间隙或体腔（颅腔、胸腔、腹腔、关节腔）等，称为内出血。内出血比外出血危险性大，出血早期不易被人发觉，等到严重失血时，伤员往往发生典型的“失血性休克”，如抢救不及时，会危及生命。

“失血性休克”的表现是：头晕眼花、心悸、烦躁不安、皮肤极度苍白、四肢发凉、脉搏快而弱、血压明显下降。

按照受伤血管的种类，出血分为：动脉出血、静脉出血和毛细血管出血三种。动脉出血，血色鲜红，呈喷射状流出，出血速度快，出血量多，危险性大。静脉出血，血色暗红，缓慢且不断地流出，危险性小于动脉出血。毛细血管出血，血色红，血流从伤口慢慢渗出，常能自行凝固，基本没有危险。

止　血

常用的急救止血法有：抬高肢体法、压迫法和冷敷法。

1. 抬高肢体法。用于四肢出血或作为其他止血法的辅助步骤。方法是把出血的肢体抬高超过心脏水平。这样可降低出血部位的血压，减少出血。

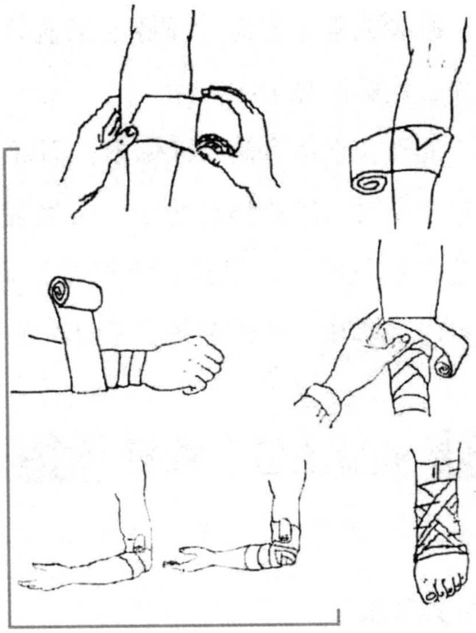
压迫止血法

2. 压迫法。①敷料、绷带压迫法：主要用于静脉和毛细血管出血。方法是用无菌纱布加压包扎患处。②指压法：常用于动脉出血。方法是在出血部位的上端，用拇指或其余四指把身体浅部的动脉压在相应的骨面上，切断局部的血供。在动脉行走中最容易压住的部位叫压迫点，常用的压迫点有：①颞浅动脉压迫点，位于耳屏前上方一指宽处。摸到动脉后，用拇指指腹把动脉压于颞骨上。适用于前头部出血。②颌外动脉压迫点，位于下颌角1.5厘米处。摸到动脉后，用拇指指腹把颌外动脉压在颌骨上。适用于面部出血。③肱动脉压迫点，位于肱二头肌内缘，肱骨的中部。操作时上臂微外旋，摸到搏动后，用食、中、无名指三指的指腹把肱动脉压向肱骨。适用于前臂和手部出血。④手指掌侧动脉压迫点，位于2～5指基部两侧，掌面，手指张开，用另一手拇、食二指摸受伤指的指根部，摸到搏动后，把动脉压向基节指骨。适用于手指出血。⑤胫前、后动脉压迫点，胫前动脉位于内、外踝之间连线的中点，胫后动脉位于内踝和跟结节之间，摸到搏动后，分别用拇指及其余四指把两动脉压向各自的骨面。适用于足部出血。

3. 冷敷法将冰袋放在受伤部位，或把受伤肢体放入冰水中浸泡，叫冷敷法。冰敷20分钟，使局部皮温下降到10～15℃最为合适。寒冷使血管收缩，减少或停止出血，降低毛细血管的通透性，减轻水肿。冰敷还有麻醉镇痛、缓解肌痉挛的作用。

此外，在体育健身锻炼中，面部或鼻部突然受外力作用或其他原因致使鼻出血时，应让伤员坐位，头微后仰或头后部靠在椅背上。用冰袋或冰水毛巾敷前额、鼻梁部；手指紧捏鼻翼数分钟，亦可止血。出血剧烈时，鼻腔内可填凡士林纱布条或无菌纱布条。

关节脱位、骨折

关节脱位

由于暴力作用，使关节的关节面失去正常的相互关系，叫外伤性关节脱位。运动损伤的关节脱位多见于肩关节及肘关节。摔倒时，上臂外展，手或肘着地，可发生肩关节前脱位。若肘关节微屈，手掌撑地，则可发生肘关节后脱位。

症状表现：脱位时，伤员往往听到关节内有碎裂声；受伤关节剧烈疼痛；关节功能丧失；关节变形，正常关节隆起处塌陷，而正常关节凹陷处反而隆起、突出（如肩关节前脱位时出现的“方肩”，肘关节后脱位时出现的尺骨鹰嘴向后突出）。

复位前后均作X线检查，弄清脱位、复位、并发症（韧带断裂、骨折）等情况。

处理方法：有休克症状者，应先抗休克，措施是：取头低脚高平卧位、保暖；迅速请医务人员到现场给氧或镇痛药。待伤员清醒后，在脱位所形成的姿势下固定伤肢。

肩关节脱位：伤肢肘关节屈曲90度，用一条大三角巾悬挂前臂，悬臂带直接斜挎胸背部，于健侧缚结；另一条三角巾折成宽带，绕过患肢上臂，于健侧腋下打结。迅速送伤员到医院复位。

肘关节脱位：肘关节不可能弯曲成90度，只能使伤肢尽量靠近躯干，再用三角巾包扎固定。固定方法和肩关节脱位所述相似。

骨 折

骨的完整性遭到破坏，称为骨折。骨折可分为闭合性骨折及开放性骨折。闭合性骨折是伤口没有和外界相通，继发感染机会少。运动中发生的骨折常为闭合性骨折。开放性骨折是伤口和外界相通，继发感染机会多。

骨折产生的原因主要有以下几个方面：

1. 直接暴力。骨折发生在暴力直接作用的部位。如足球运动中，运动员的胫骨受到对方足踢而发生胫骨骨折。

2. 间接暴力。骨折发生在接触暴力较远的部位。如摔倒时手撑地而发生锁骨骨折。

3. 强烈的肌肉收缩。如提起杠铃时突然的翻腕动作，可因前臂屈肌强烈收缩而发生肱骨内髁撕脱性骨折。

4. 应力性骨折。由于骨膜反复受到牵拉，或骨质长期受到较大的支撑面的反作用力的作用而引起，如长跑运动员下肢及体操运动员上肢的应力性骨折（疲劳性骨折）。

症状表现：骨折时有碎裂声，伤员偶能听到；剧烈疼痛，主要因骨膜撕裂、肿胀、肌肉痉挛所引起；肿胀及皮下瘀血，主要因骨折周围软组织损伤，血管破裂所引起，软组织丰厚部位的骨折，肿胀及皮下瘀斑不明显；功能障碍，肢体不能运动、站立、行走；压痛及骨擦音。骨折端或撕脱处有明显锐痛，偶因断端或骨折片互相接触而出现骨擦音。检查时不要有意寻找骨擦音以增加伤员的痛苦；X 线检查，常能对骨折作出正确的判断。严重骨折时还会出现假关节、肢体变形、休克、神经损伤等症状。

处理方法：为了避免骨折端造成新的损害刺伤血管、神经及周围软组织，预防休克、减轻疼痛、便于转送，要做适当的固定。有休克症状者，应先抗休克（具体方法同关节脱位处所讲）。休克期过后，用长短合适的夹板或代用品（木尺、树枝、硬纸板等）固定伤肢，或把伤肢与伤员的躯干或健肢固定在一起。固定肢体时松紧要合适，骨折一经固定，立即送往医院做彻底的治疗。如为开放性骨折，应用无菌布敷料尽快包扎；不要移动露在伤口外的骨端与碎骨。

心肺复苏的具体办法

在很多的体育运动中，青少年若不注意控制运动负荷量、不注意气候变化等，都可能会造成昏迷、意识不清的状况出现。因此，青少年应该掌握一定的急救常识，在别人出现昏迷时，可以提供帮助。下面就简要介绍一下心肺复苏的具体办法。

人工呼吸法

一个人呼吸停止后 2～4 分钟内便会死亡，在这种情况下，如果对患者实行口对口的人工呼吸，将有起死回生的可能。

操作要领

1. 使患者仰卧，面部向上，颈后部（不是头后部）垫一软枕，使其头尽量后仰。

2. 施救者位于患者头旁，一手捏紧患者鼻子，以防止空气从鼻孔漏掉。同时用口对着患者的口吹气，在其胸壁扩张后，即停止吹气，让胸壁自行回缩，呼出空气。如此反复进行，每分钟约 12 次。

3. 吹气要快而有力。此时要密切注意患者的胸部，如胸部有活动后，立即停止吹气。并将患者的头偏向一侧，让其呼出空气。

注意事项

1. 成人每次吹气量应大于 800 毫升，但不要超过 1200 毫升。低于 800 毫升，通气可能不足；高于 2000 毫升，常使咽部压力超过食管内压，使胃胀气而导致呕吐，引起误吸。

2. 每次吹气后抢救者都要迅速掉头朝向患者胸部，以求吸入新鲜空气。

3. 对小孩 3 秒一次，一分钟 20 次。要规律地、正确地反复进行。

4. 进行 4 ~ 5 次人工呼吸后，应摸摸颈动脉、腋动脉或腹股沟动脉。如果没有脉搏，必须同时进行心脏按摩。

心脏按摩法

心脏按摩是从体外压迫一度停止跳动的心脏，使之恢复跳动的一种急救方法。

操作要领

1. 患者仰卧在硬板上或地上。

2. 施救者站在或跪在患者侧面（左侧或右侧均可），两手相叠，将手掌根部放在患者的胸骨下方、剑突之上，借自己身体的重量，以手掌根部用力向下作适度压陷，然后放松压力，让胸廓自行弹起。

3. 如此有规律地以 60～80 次/分的速度按压，向下按压和松开的时间必须相等。按压的间歇不再使胸部受压，便于心脏充盈。但手掌根不要抬起离开胸壁，以免改变按压的正确位置。

注意事项

1. 施救者的双臂应绷直，双肩应在患者胸骨的正上方，上半身可向前倾斜，利用上半身的体重和肩、臂部肌肉度和宽度应够大。不然会使压迫心脏的力量减少了按摩的作用。

2. 如患者在钢丝床上，应在其背后垫一块硬板，其长度和宽度应够大。不然会使压迫心脏的力量减弱而减小了按摩的作用。

3. 心脏大致位于胸腔的中央。在进行心脏按摩时，一定把一只手掌放在胸骨中央下 1/3 处，用另一只手放在前一只手的上面加强力量。

4. 对儿童心脏按摩要轻而快。只用一只手，试着力量进行，压力为成人的 1/2 左右，90～100 次/分。若是幼儿，可用两个手指压迫，压力为儿童的 1/2，100～110 次/分为妥。

各类具有针对性的锻炼处方

GELEIJUYOUZHENDUIXINGDEDUANLIANCHUFANG

眼部保健

目前，中国青少年近视趋于低龄化，全国现有盲人500多万，低视力者600多万，儿童斜弱视者1000万。而青少年近视率平均达40%，大学生近视率远远超过70%。

现在的青少年承受着前所未有的用眼负荷，学生时代的眼部保健还仅仅停留在一套眼保健操的阶段，没有根据现在青少年的实际情况而用其他方式来补充，这就说明社会各界对青少年近视的问题远未达到足够的重视。

日常生活中，青少年一定要注意合理用眼，减少过度用眼，缓解眼部疲劳。应做到以下几点：

1. 近距离用眼的时间不宜过长，每隔45～60分钟要休息10～15分钟。休息时应隔窗远眺或进行户外活动，使眼球调节肌得以充分放松。

2. 近距离用眼时光线要适中。近距离用眼时光线过强或太弱均是造成近视眼的重要因素。因此，在夜晚或光线暗的环境下，照明最好采用40～60瓦的白炽灯，放在书桌的左上角。这是因为白炽灯的光线比较柔和，显色性能良好，眼球容易适应，防止了光线过强或过暗所带来的用眼疲劳。

3. 近距离的用眼姿势要正确。近距离用眼姿势是影响近视眼发生率的另一个因素。近距离用眼时，桌椅高低比例要合适，端坐，书本放在距眼30厘米的地方。坐车阅读、躺在床上阅读或伏案歪头阅读等不良的用眼习惯都将增加眼的调节负担和辐辏频率，增加眼外肌对眼球的压力，尤其是中小学生的眼球正处于发育阶段，球壁伸展性比较大，长时间的不良用眼姿势容易引起眼球的发育异常，导致近视眼的形成。

4. 积极参加体育锻炼，增强体质。机体素质的好坏与青少年近视眼的发生也有密切关联。比如说，营养不良、患急慢性传染病、体质虚弱、偏食或贪吃甜食的孩子常见有近视眼。

因此，青少年除了要合理用眼外，还要注意饮食习惯。

其实绝大多数青少年患近视都不是病理性的，主要是由于用眼方式不正确而引起的视觉功能衰退，究其根本原因就是近距离看东西过多。所以，防治近视最好的办法就是减少近看，多练习远看，让眼睛做自然的锻炼。身体锻炼能使现代人虚弱的身体健康起来，同样，眼睛的锻炼也可使近视得到有效防治。

极目远眺法

1. 极目注视

准备式：双脚开立，相距一拳距离，脚尖向前，双臂自然下垂，身体中正，目视前方远处的一个具体目标。

动作：睁大眼睛仔细注视目标，同时吸气，再四八拍一。然后闭眼呼气，为四八拍二。(重复上面动作完成四八拍)

2. 远近识别

左臂左平举，左手握拳直立拇指，慢慢向左转头，目视拇指，同时吸气，为四八拍一。左臂向前转至眼前，眼随拇指由看远到看近完成远近识别，同时呼气，为四八拍二。接着左臂下垂，右臂右平举完成远近识别，动作要求同前，为四八拍三和四。接着右臂下垂，左臂上举至头顶，完成远近识别，动作要求同前，为四八拍五和六。接着左臂下垂，右臂下沉底

完成远近识别，动作要求同前，为四八拍七和八。（重复上面动作完成四八拍）

3. 上下站桩

双脚发力向上蹬，脚跟抬起，带动全身缓缓向上，双臂轻柔弯曲上升，双手指尖下垂，升至头顶。目光随手运动。同时吸气，为四八拍一。双脚踩平，带动全身下移，保持身体中正，后坐下蹲，双臂轻柔弯曲向下运动，双掌心向前，指尖向上下落至大腿前。眼随手动，同时呼气为四八拍二。（重复前面动作，完成四八拍）

4. 左右推手

左推手：左转身，左脚在前，脚尖向正前方，右脚在后，两脚前后相距一步，左右相距一拳，右脚尖呈45度角向右前方。身体中正，重心位于两脚之间。右脚用力，左脚尖翘起，身体向后平移使重心移至右腿上，带动腰向后转，双手掌相合由上向右下旋转至右腰部，眼随手动，同时吸气，为四八拍一。右脚发力慢慢向前蹬至前腿弓后腿绷直，带动腰向前转，十脚指抓地，重心移至两脚之间，双手由下旋转平推至正前方，眼随手动，同时呼气，为四八拍二。双手为一连绵不断的匀速椭圆运动。右推手：动作相同，方向相反。（重复上述动作完成四八拍）

文字法

青少年学习久了，就会导致头部僵硬，或肩膀僵硬，从而会使血液循环恶化，间接地导致眼睛的机能衰退。用头颈，属于头部运动与视点移动的综合运动，能自然地恢复上述的健康机能。此方法也可用于缓解颈椎疼痛。

训练要领：在心情轻快的状态下，张开两脚与肩膀同宽，让肩膀放松；注视远方，摇动头部写字。可以描写任何自己喜欢的文章；眼睛要配合脸的活动，移动视点，做20分钟；一定要配合韵律活动，可放点音乐，自然能在轻松的气氛下进行。

长跑法

锻炼脚力也能强化眼睛。俗语说，疲劳起自脚与眼睛，同样的，老化与疲劳也都从脚和眼睛开始。疲倦的症状容易出现在眼睛和脚这两个部位。只要脚觉得疲倦，眼睛也会疲倦。反之亦然。这样的相互关系使我们将长跑法也纳入到了整个训练体系中。

冷热法

这是用冷热毛巾交替敷眼的方法，对于消除眼睛疲劳、促进血液循环、刺激眼肌和疏缓僵化眼外肌有很好的帮助，能够达到提神醒目、活络眼球细胞和增进代谢功能的目的。

训练方法：准备两条毛巾：一条毛巾泡热水使毛巾变热，另一条覆盖在冰袋上或先冷藏（以湿纸巾亦可）；坐、站、躺姿势不限，身心放松，双眼闭合；先将热毛巾折成适当大小，覆盖在双眼上 3 ~ 5 分钟，再换上冷毛巾，盖 2 ~ 3 分钟。交替进行 2 ~ 3 次，温度以眼睛能接受为宜。每周做2 ~ 3 次。需要注意的是：眼睛发炎、眼睑红肿、角膜炎、长针眼、疼痛或发烧时不能热敷。

按摩法

根据中医理论，人体的不同穴位都有不同的作用，眼睛的反应穴位有风池、耳郭、翳风、球后穴等，经常按摩这些穴位，对于近视眼的防治是很有好处的。按摩方法如下：

用热毛巾热敷眼部，同时按摩。

1. 按摩风池穴：孩子坐位，以大拇指和食指点揉风池穴 1 分钟。然后拿捏颈椎两侧的肌肉组织，从上往下反复操作 10 ~ 15 次。定位此穴道的时候应该让患者采用正坐或俯卧、俯伏的取穴姿势，以方便施者准确取穴并能顺利实施相应的按摩手法。风池穴位于后颈部，后头骨下，两条大筋外缘陷窝中，相当于耳垂齐平。（或当枕骨之下，与风府穴相平，胸锁乳突肌与斜方肌上端之间的凹陷处即是。）风池穴的主治疾病为：头痛、头重脚轻、眼睛疲劳、颈部酸痛、落枕、失眠、宿醉。

2. 按摩翳风穴：孩子仰卧位，家长以中按揉翳风穴 1 分钟。定位此穴时要让患者采用正坐或者仰卧的取穴姿势，翳风穴位于头部侧面，耳朵下方耳垂后遮住之处（当耳后乳突与下颌角之间的凹陷处）。

翳风穴的主治疾病为：指压翳风穴对去除慵懒感、产生活力非常有效。

3. 按摩耳廓：孩子坐位，家长以双手拇、食两指，轻轻揉按患儿的耳廓，以发热发红为度。

4. 双手拇、食两指，轻轻按压孩子耳垂、耳朵内侧小突起各 1 分钟。

取下热敷毛巾按摩眼部周围穴位。

1. 患儿仰卧，家长以两手拇指从印堂开始沿眉向两侧分推至太阳穴处，反复操作 1～3 分钟。

2. 患儿仰卧，家长以两手拇指从内眼角经下眼眶轻抹至太阳穴，反复操作 10～20 次。

按其他穴位。

以双手食指按压攒竹穴、鱼腰穴、丝竹空穴、外明穴、童子髎、球后穴、承泣穴、四白穴、合谷穴等穴位各 1 分钟。

攒竹穴取穴时应要求患者采用正坐或仰卧的姿势，攒竹穴在面部，眉毛内侧边缘凹陷处（当眉头陷中，眶上切迹处）即是。攒竹穴的主治疾病为：迎风流泪（俗称漏风眼）、眼睛充血、眼睛疲劳、眼部常见疾病、假性近视等。在学生的眼保健操中，其中有一节就是指压按摩此穴，可见其保健效果非同一般。

鱼腰穴位于额部，瞳孔直上，眉毛中。取穴时要正坐位或仰卧位，穴在瞳孔直上，眉毛中。鱼腰穴主治病症：目赤肿痛、眼睑下垂、近视、急性结膜炎、面神经麻痹。

丝竹空穴，该穴位于人体的面部，当眉梢凹陷处。主治疾病：头痛、目眩、目赤痛、眼睑跳动。

外明穴取位于眼外眦角上三分，眶上缘内方，眉头末端内侧1/3处。主治屈光不正、角膜白斑、视神经萎缩、青少年近视。

童子髎取穴时可以采用正坐或仰卧的姿势，该穴位于面部，眼睛外侧1厘米处（目外眦旁，当眶外侧缘处）。指压此穴，可以促进眼部血液循环，治疗常见的眼部疾病，并可以去除眼角皱纹。

球后穴，仰靠坐位。当眶下缘外1/4与内3/4交界处。功用，清热明目。

承泣穴，定位此穴时通常采用正坐或仰靠、仰卧的姿势，承泣穴位于人体的面部，瞳孔直下方，眼球与下眼眶边缘之间。此穴的主治疾病为：近视、夜盲、眼颤动、眼睑痉挛、角膜炎、视神经萎缩、眼睛疲劳、迎风流泪、老花眼、白内障等常见的多种眼部疾病，当然需要采用其他相关穴道一同治疗才能取得显著效果。此穴是穴道疗法中治疗眼疾非常重要的穴道之一。

四白穴，取穴时通常采用正坐或仰靠、仰卧姿势，四白穴位于人体面部，双眼平视时，瞳孔正中央下约2厘米处（或瞳孔直下，当眶下孔凹陷处）。此穴的主治疾病为：指压该穴道，能提高眼睛机能，对于近视、色盲等眼部疾病很有疗效。

合谷穴，确定此穴时应让患者侧腕对掌，自然半握拳，合谷穴位于人体的手背部位，第二掌骨中点，拇指侧。（或在手背，第一、第二掌骨间，第二掌骨桡侧的中点），再介绍一种简易找法：将拇指和食指张成45度角时，位于骨头延长角的交点即是此穴。此穴的主治疾病为：牙疼痛、牙龈疼痛、青春痘、赘疣、三叉神经痛、眼睛疲劳、喉咙疼痛、耳鸣、面部神经麻痹、口眼歪斜、打嗝等。该穴为人体手阳明大肠经上的重要穴道之一，由此穴的主治疾病即可看出本穴道的治病效果非同一般。这里顺便提及一下该穴指压的小窍门：指压时应朝小指方向用力，而并非垂直手背的直上直下按压，这样才能更好地发挥此穴道的疗效。

其他方法

1. 眼珠运动法：头向上下左右旋转时，眼珠也跟着一起移动。

2. 眨眼法：头向后仰并不停的眨眼，使血液畅通。眼睛轻微疲劳时，只要做 2～3 次眨眼运动即可。

3. 眼睛体操：中指指向眼窝和鼻梁间，手掌盖脸来回摩擦 5 分钟。然后脖子各项左右慢慢移动，接着闭上双眼，握拳轻敲后颈部 10 下。

4. 看远看近法：看远方 3 分钟，再看手掌 1～2 分钟，然后再看远方。这样远近交换几次，可以有效消除眼睛疲劳。

上面主要是介绍了几种能够有效预防近视的方法，但这些也只是外在的，最主要还是要养成良好的用眼习惯，这点就要靠青少年自己掌握了！

减肥处方

目前专家们认为，肥胖是指当人体摄取食物过多，而消耗能量的体力活动减少，摄入的热量超过了机体所消耗的热量，过多的热量在体内转变为脂肪大量蓄积起来，使脂肪组织异常地增加，体重超过正常值 20% 以上，是有损于健康的一种超体重的状态。

减肥关键是运动

由于超体重的肥胖对人们的健康构成很大的危害，减肥问题已经引起人们的广泛重视。尽管对减肥有多种多样的说法和做法，但实践表明：

1. 减肥的关键在于运动

目前，专家们认为，要减肥一是节制饮食，二是加强运动，即减少摄入的热量，同时努力消耗体内的热量。所以说值得大力提倡的是两个方面：一是平衡膳食，另一个就是运动。美国专家的调查表明，要使减肥持久坚持下去，除了有节制地减少摄入的热量外，必须增加运动量。

2. 科学节食与运动相结合

一般限制饮食，适当减少碳水化合物及脂肪摄入，仅对轻度肥胖者有效。对较重肥胖者而言，严格限制饮食减肥效果不能持久，单纯限制饮食能控制体重者一般不到20%，大约50%的人在2~3年内会恢复至以前的体重。

减肥方案应注意事项

1. 减肥运动的强度

从能量消耗的角度来看，强度中等的运动（如长跑），可以持续较长的时间，总能量消耗就多。而且中等强度运动除了糖以外，脂肪是供能的重要来源。根据这个道理，时间长、中等强度的运动对减肥效果最好。

日本爱知大学运动医疗中心提出的运动减肥方案是：运动强度为最大运动量的40%~60%；每次运动2.5小时，消耗能量1004.5~1255.7千焦耳（240~300千卡）；每周运动3次以上。有人认为减肥运动最佳心率的计算方法是：（220－年龄－安静心率）÷2＋安静心率。

2. 选择适合的运动项目

一是锻炼全身体力和耐力的有氧运动项目，如长距离步行、慢跑、骑自行车和游泳等；二是锻炼肌力、肌肉耐力为目标的拉力器等静态运动；三是准备活动和整理活动的伸展体操。尤应注意不断更换运动内容，以免厌烦。但有高血压和冠心病时，不要做等长（静力）运动，以免引起心率过快和血压升高。

3. 制定减肥目标和计划

美国运动生理学家莫尔豪斯认为：减肥必须采取理智和稳健的方法，即根据自己的实际情况制定切实可行的减肥目标和计划，然后逐渐调整热量消耗与饮食的关系。他提醒减肥者，在1周内减体重不应超过0.45千克，否则不能真正长久地减肥。

有了目标即可实行每周0.45千克的减肥计划。由于0.45千克脂肪可以产生14649千焦耳（3500千卡）的热量，所以，平均每天要比摄入量多消耗20927千焦耳（5000千卡）。消耗这些热量的最佳办法是：每天减少8371千焦耳（2000千卡）热量的食物，再用运动多消耗12556千焦耳（3000千卡）热量。

减肥处方介绍

●青少年减肥运动处方一

运动锻炼目的：一是减轻体重、防止肥胖；二是保持和增强体力，预防肥胖合并症。

耐力运动项目：如长距离步行或远足、骑自行车、游泳等。

运动强度：60%～70% HRmax（最大心率）相当于50%～60% VO_2max（最大摄氧量）或心率掌握在120～130次/分。

运动时间和频度：每次30～45分钟，每周3～4次。

处方程序和锻炼方法：

1. 准备活动5分钟，可做些腰、腿髋关节轻微活动。

2. 慢走与快走交替20分钟，如步行由慢—快—慢，用10分钟走完1200米，速度2步/秒，再用10分钟走完1300米。

3. 基础体力练习15分钟：仰卧起坐20个（手抱头或不抱均可）；俯卧撑20个；俯卧抬起上体20个；提脚跟50次；立卧撑20次；蹲跳起20次。

4. 以上全部内容锻炼45分钟，共消耗热量约12556.5千焦耳（3000千卡），此热量相当于米饭90克，或3个煎鸡蛋。

注意事项：锻炼时轻松或过于吃力，可稍调节内容和次数；以锻炼后第二天不感到疲劳为宜，可每周适当增加运动量；严寒、酷暑或身体不适时，应停止锻炼，不可蛮干。

●青少年减肥运动处方二

运动种类：步行、慢跑、骑自行车、游泳、滑冰等。

辅助项目：太极拳（套路）、乒乓球、羽毛球、网球、迪斯科健身操等。

运动强度：慢跑速度开始由100～110米/分，逐渐增到120～180米/分。

运动时间与频度：每次30～40分钟、每周3～5次。

力量性锻炼：应根据肥胖者脂肪蓄积的部位选择。脂肪蓄积在腹部者，主要是进行仰卧起坐、双腿直抬高及抗阻性抬腿运动等，每个动作做20次。脂肪蓄积在肩、胸、背部者，可做哑铃操及拉力器练习等。

注意事项：锻炼前应做医学检查判定心功状态及有无心血管系统合并症；运动疗法必须和控制饮食相结合，主要是控制脂肪、糖类及食量；力量锻炼主要是锻炼躯干和四肢大肌肉群，用力程度逐渐增加。

脊柱畸形的体疗矫正

青少年中，由于生活习惯或其他原因而导致的脊柱畸形比较多见，通过体育锻炼的方法可以在一定程度上得以矫正。

脊柱前凸

脊柱前凸主要发生于腰椎，应做增强腹肌、牵伸腰骶部肌肉、韧带的练习，即体前屈的练习。但腰椎前凸常常是由于髋关节前面的结构过于紧张，使骨盆处于过度前倾的位置而引起的，所以还应做牵拉髋关节前面关节囊、韧带及加强臀肌、大腿后群肌的练习，以校正骨盆前倾。

用托玛斯试验（Thomes Test）可检查髋关节前面结构是否过于紧张。方法是受试者仰卧，用双手抱膝，使膝尽量贴近胸部，检查者站在患者侧面，用靠近受试者头一侧手的拇指放在受试者靠近检查者一侧的髂前上棘处，用另一手托受试者该侧下肢，使其慢慢伸直放下。检查时要求受试者用双手抱住另一膝关节，尽量靠近胸部，伸直腿完全平放至床面上，检查者如感到拇指下的髂前上棘有移动，说明髋关节前面结构过于紧张。

脊柱前凸的矫正练习有以下几类：

1. 举腿或体前屈。

2. 髋后伸：牵拉髋关节前面结构。

3. 后举腿：加强臀肌肌力。

4. 骨盆后倾练习。

脊柱侧凸

脊柱侧凸有“C”形、“S”形两种。“C”形侧凸矫正练习比较简单，“S”形的矫正练习比较复杂，应注意避免由于矫治了一个侧凸而加重了另一个侧凸。可采用节段性侧弯运动，使动作形成的侧凸与原有侧凸部位一致而方向相反，以达到矫正目的。

脊柱侧凸多伴有肩带及骨盆带的倾斜，故可采用上、下肢的活动来帮助矫正脊柱侧凸。例如，上举左臂可提高左肩，使胸椎向左凸出，可用来矫正胸椎的右侧凸；抬起左腿可引起骨盆带向右倾斜，使腰椎右凸，可用来矫正腰椎左凸。在矫治“S”型侧凸时，可采用举起同一侧上、下肢的练习。

脊柱侧凸的矫治练习可分为以下几类（以胸椎左凸、腰椎右凸为例说明）：

1. 对称性练习：用以改善全身状况，防止合并脊柱前、后凸，也可用于脊柱前凸、后凸的矫正练习中。

2. 不对称练习：主要用来加强凸出侧的肌肉力量及牵拉凹侧挛缩的韧带、肌肉，借抬起右臂来矫治胸椎左凸。用上体右倾，仰卧抬左腿等来矫治腰椎右凸。抬右臂同时抬右腿的练习，可同时矫治胸椎左凸及腰椎右凸。

3. 悬垂练习：可用来牵伸脊柱，达到矫正目的。

神经衰弱的体疗方法

近年来，神经衰弱在青年人中已比较多见，尤以极少参加体育锻炼的青年学生为多。这是由于高级神经活动过分紧张以后，神经活动处于相对疲乏的一种状态。一般常见的有头痛、头晕、耳鸣眼花、健忘、焦虑不安、多梦或失眠、遗精、阳痿以及一些不很明显的症状。

大量的事实说明，单纯凭借药物，要想治愈神经衰弱是困难的。而坚持不懈地参加体育锻炼，却能对神经衰弱的治疗起到很好的作用。根据神经衰弱患者体质普遍差的具体情况，一般可选用以下一种或数种体育疗法：

神经衰弱

1. 练太极拳。太极拳要求做到动静结合，练拳时必须注意力集中，排除杂念，全神贯注到运动中。这样，大脑皮质中与运动有关的部分就有规律地兴奋，而其他部分则逐渐抑制，得到充分的休息。长期坚持练习，会使脑功能得到恢复和改善。

2. 气功。通过放松和入静，既可调整大脑皮层的活动状态，又能使神经系统和全身得到充分休息。

3. 散步。每天早晚坚持 30～60 分钟的散步，对患者情绪镇定、精神振作有帮助。对头痛、失眠的逐步消除也非常有效。

4. 健脑功。第一式：预备式。身体直立，周身放松，两眼微闭，舌舔上腭，意守丹田。第二式：左右摇晃式。开始时，头大幅度地向左右摇晃，速度要慢，逐渐变为快速。当头感到胀得厉害的时候转为慢速。在做快速动作时，感到头脑发胀，不必害怕，可以由快速动作变为慢速动作，形成有节奏的继续摇晃，胀感就会消失。第三式：头向肩左右摇摆式。这一式主要是头向左右肩摇摆，通过这样摇动多次，使头部左右两侧、脖子、颈椎和胸椎上部得到锻炼。第四式：前后仰头式。用力低头和仰头，由慢到快，形成反复上下甩头动作，达到仰头、仰脖、抽动气管、低头牵动颈椎等作用。第五式：头部俯冲式。头往回缩，再往前用劲伸，通过俯冲动作，使脖子大幅度地延伸，当头抬起时使颈往后仰脖，使后脑尽量往下压颈椎，使气管、颈椎等部位得到锻炼。第六式：手掌摩顶式。做完上述五式后，用右手掌按住头部顶心，以手心对顶心用力前后搓擦，直到顶心发热为止。第七式：十指挠头式。做完第六式，顶心发热，最后以两手十指，八指在上，两拇指在下掐住头部进行满头抓挠，以头部四周都挠到为止。最后放开两手恢复第一式。这套健脑功每个动作的次数，因个人体质和具体情况的不同可随之增减。只要能天天坚持做，不但能治好神经衰弱，而且对偏头痛、三叉神经痛、气管炎以及颈椎疾病等，均有良好的疗效。

如果失眠严重，还可在入睡前，练按摩入睡法。做法是：仰卧，用手自己按摩“神门”和“三阴交”穴（神门在手小指尺侧，腕后横纹头凹陷中。三阴交在脚内踝尖直上三横指，紧靠胫骨后缘处）各数十次。俯卧，双手握拳，两拳相叠放在上脘（脐窝直上四横指处）之间的部位，让身体很自然地压在拳上 2 ~ 3 分钟，这时应把注意力集中到受压部位，再向左侧卧，做深呼吸数次，然后右侧卧呼吸数次，恢复自然体位，自然呼吸，不久即可入睡。

痛经的体疗方法

凡女性在月经前后或月经期间，发生下腹及腰骶部痉挛性或持续性疼痛的，就叫做痛经。严重的可伴有头痛、恶心、呕吐、腹泻，甚至昏厥，是女子的常见疾病。

治疗痛经的方法有服中药、西药，以及针灸、推拿等。如能结合体育疗法，并坚持经常，则效果更加显著，下面介绍几种体育疗法，供选练。如能坚持下去，对痛经有较好的治疗效果。

1. 侧身碰墙，在离墙或树约 50 厘米的地方，侧身站立，抬起一侧胳膊和臂，同地水平，肘部弯曲，用前臂和手掌贴在墙上或树上，另一手叉腰，用力把近墙边的胯部靠拢墙或树，这样每天练几十回。两侧交替做。尤其月经疼痛时这样做更好。

2. 小腹贴墙，站在离墙或树 50 厘米的地方，面对着墙两手在胸前互抱，抬起来与肩平。先让小肚子尽量去贴墙或树，然后再离开，如此反复做 30 下。

3. 叉腰摆腿，两手叉腰，一腿站稳，另一腿先前后摆动 20 下，再左右摆动 20 下，两腿交替进行，先幅度小再幅度大，先慢后快。

4. 深膝蹲运动，两手叉腰，两腿下蹲。下蹲时全放松，站立时肛门用力收缩内提，如此反复做 30 下。

5. 叉腰转胯，两手叉腰，两脚分开与肩同宽，先用两胯左右旋转 20 下，再前伸后仰 30 下。

6. 伸臂抬脚，两脚分开与肩同宽，两臂伸直侧举至头上方，同时深吸气和抬起脚跟，然后两臂自身前下落，同时深深呼气，脚跟落下。如此呼吸 6 ~ 7 下。注意深吸气时一定要抬起脚跟。

7. 伸腿抬臂，仰卧床上，两腿伸直抬起，两手扶床，帮助臀部尽可能抬高，两腿尽量向上翘，维持 2 分钟后放下。每天早晚 2 次，在来月经前做较好。每次做 20 ~ 30 下。

8. 膝胸卧位，特别是身体虚弱的女性，多数有子宫后变位，坚持练膝胸卧位矫正子宫位置，也有助于调节盆腔压力，解除盆腔淤血。

9. 转动腰臂，两脚同肩宽站在地上，两手叉腰，拇指在后，两膝微屈，腰胯放松，腰部自左向前向右向后转动，每次转动 10 ~ 20 下，每日 2 次。

10. 按摩小腹部，仰卧床上，先将两手搓热，然后将两手平放在小腹部，先上下按摩，再左右按摩，最后转圈按摩，直至局部发热为止，每日早晚 2 次。

附　录

FULU

各类食物的营养成分表

类别	食物名称	蛋白质（克）	脂肪（克）	碳水化合物（克）	热量（千卡）	无机盐类（克）	钙（毫克）	磷（毫克）	铁（毫克）
谷类	大米	7.5	0.5	79	351	0.4	10	100	1.0
	小米	9.7	1.7	77	362	1.4	21	240	4.7
	高粱米	8.2	2.2	78	385	0.4	17	230	5.0
	玉蜀黍	8.5	4.3	73	365	1.7	22	210	1.6
	大麦仁	10.5	2.2	66	326	2.6	43	400	4.1
	面粉	12.0	0.8	70	339	1.5	22	180	7.6
干豆类	黄豆(大豆)	39.2	17.4	25	413	5.0	320	570	5.9
	青豆	37.3	18.3	30	434	5.0	240	530	5.4
	黑豆	49.8	12.1	19	384	4.0	250	450	10.5
	赤小豆	20.7	0.5	58	318	3.3	67	305	5.2
	绿豆	22.1	0.8	59	332	3.3	34	222	9.7
	花豇豆	22.6	2.1	58	341	2.5	100	456	7.9
	豌豆	24.0	1.0	58	339	2.9	57	225	0.8
	蚕豆	28.2	0.8	49	318	2.7	71	340	7.0

续 表

类别	食物名称	蛋白质（克）	脂肪（克）	碳水化合物（克）	热量（千卡）	无机盐类（克）	钙（毫克）	磷（毫克）	铁（毫克）
鲜豆类	青扁豆荚（鹊豆）	3.0	0.2	6	38	0.7	132	77	0.9
	白扁豆荚(刀子豆)	3.2	0.3	5	36	0.8	81	68	3.4
	四季豆（芸豆）	1.9	0.8	4	31	0.7	66	49	1.6
	豌豆（准豆、小寒豆）	7.2	0.3	12	80	0.9	13	90	0.8
	蚕豆（胡豆、佛豆）	9.0	0.7	11	86	1.2	15	217	1.7
	菜豆角	2.4	0.2	4	27	0.6	53	63	1.0
豆类制品	黄豆芽	11.5	2.0	7	92	1.4	68	102	6.4
	豆腐浆	1.6	0.7	1	17	0.2	–	–	–
	北豆腐	9.2	1.2	6	72	0.9	110	110	3.6
	豆腐乳	14.6	5.7	5	30	7.8	167	200	12.0
	绿豆芽	3.2	0.1	4	30	0.4	23	51	0.9
	豆腐渣	2.6	0.3	7	41	0.7	16	44	4.0
根茎类	小葱(火葱、麦葱)	1.4	0.3	5	28	0.8	63	28	1.0
	大葱（青葱）	1.0	0.3	6	31	0.3	12	46	0.6
	葱头（大蒜）	4.4	0.2	23	111	1.3	5	44	0.4
	芋头（土芝）	2.2	0.1	16	74	0.8	19	51	0.6
	红萝卜	2.0	0.4	5	32	1.4	19	23	1.9
	荸荠（乌芋）	1.5	0.1	21	91	1.5	5	68	0.5
	甘薯（红薯）	2.3	0.2	29	127	0.9	18	20	0.4
	藕	1.0	0.1	6	29	0.7	19	51	0.5
	白萝卜	0.6	–	6	26	0.8	49	34	0.5
	马铃薯（土豆、洋芋）	1.9	0.7	28	126	1.2	11	59	0.9

续　表

类别	食物名称	蛋白质（克）	脂肪（克）	碳水化合物（克）	热量（千卡）	无机盐类（克）	钙（毫克）	磷（毫克）	铁（毫克）
叶菜类	黄花菜(鲜金针菜)	2.9	0.5	12	64	1.2	73	69	1.4
	黄花（金针菜）	14.1	0.4	60	300	7.0	463	173	16.5
	菠菜	2.0	0.2	2	18	2.0	70	34	2.5
	韭菜	2.4	0.5	4	30	0.9	56	45	1.3
	苋菜	2.5	0.4	5	34	2.3	200	46	4.8
	油菜（胡菜）	2.0	0.1	4	25	1.4	140	52	3.4
	大白菜	1.4	0.3	3	19	0.7	33	42	0.4
	小白菜	1.1	0.1	2	13	0.8	86	27	1.2
	洋白菜（椰菜）	1.3	0.3	4	24	0.8	100	56	1.9
	香菜（芫荽）	2.0	0.3	7	39	1.5	170	49	5.6
	芹菜茎	2.2	0.3	2	20	1.0	160	61	8.5
菌类	蘑菇（鲜）	2.9	0.2	3	25	0.6	8	66	1.3
	口蘑（干）	35.6	1.4	23	247	16.2	100	162	32.0
	香菌（香菇）	13.0	1.8	54	384	4.8	124	415	25.3
海菜类	木耳（黑）	10.6	0.2	65	304	5.8	357	201	185.0
	海带（干，昆布）	8.2	0.1	57	262	12.9	2250	–	150.0
	紫菜	24.5	0.9	31	230	30.3	330	440	32.0
茄瓜果类	南瓜	0.8	–	3	15	0.5	27	22	0.2
	西葫芦	0.6	–	2	10	0.6	17	47	0.2
	瓠子（龙蛋瓜）	0.6	0.1	3	15	0.4	12	17	0.3
	丝瓜（布瓜）	1.5	0.1	5	27	0.5	28	45	0.8
	茄子	2.3	0.1	3	22	0.5	22	31	0.4
	冬瓜	0.4	–	2	10	0.3	19	12	0.3
	西瓜	1.2	–	4	21	0.2	6	10	0.2
	甜瓜	0.3	0.1	4	18	0.4	27	12	0.4
	菜瓜（地黄瓜）	0.9	–	2	12	0.3	24	11	0.2
	黄瓜	0.8	0.2	2	13	0.5	25	37	0.4
	西红柿（番茄）	0.6	0.3	2	13	0.4	8	32	0.4

续 表

类别	食物名称	蛋白质（克）	脂肪（克）	碳水化合物（克）	热量（千卡）	无机盐类（克）	钙（毫克）	磷（毫克）	铁（毫克）
水果类	柿	0.7	0.1	11	48	2.9	10	19	0.2
	枣	1.2	0.2	24	103	0.4	41	23	0.5
	苹果	0.2	0.6	15	60	0.2	11	9	0.3
	香蕉	1.2	0.6	20	90	0.7	10	35	0.8
	梨	0.1	0.1	12	49	0.3	5	6	0.2
	杏	0.9	–	10	44	0.6	26	24	0.8
	李	0.5	0.2	9	40	–	17	20	0.5
	桃	0.8	0.1	7	32	0.5	8	20	1.0
	樱桃	1.2	0.3	8	40	0.6	6	31	5.9
	葡萄	0.2	–	10	41	0.2	4	15	0.6
干果及硬果类	花生仁（炒熟）	26.5	44.8	20	589	3.1	71	399	2.0
	栗子（生及熟）	4.8	1.5	44	209	1.1	15	91	1.7
	杏仁（炒熟）	25.7	51	9	597	2.5	141	202	3.9
	菱角（生）	3.6	0.5	24	115	1.7	9	49	0.7
	红枣（干）	3.3	0.5	73	309	1.4	61	55	1.6
走兽类	牛肉	20.1	10.2	–	172	1.1	7	170	0.9
	牛肝	18.9	2.6	9	135	0.9	13	400	9
	羊肉	11.1	28.8	0.5	306	0.9	11	129	2
	羊肝	18.5	7.2	4	155	1.4	9	414	6.6
	猪肉	16.9	29.2	1.1	335	0.9	11	170	0.4
	猪肝	20.1	4.0	2.9	128	1.8	11	270	25
乳类	牛奶（鲜）	3.1	3.5	4.6	62	0.7	120	90	0.1
	牛奶粉	25.6	26.7	35.6	48.5	–	900	–	0.8
	羊奶（鲜）	3.8	4.1	4.6	71	0.9	140	–	0.7
飞禽	鸡肉	23.3	1.2	–	104	1.1	11	190	1.5
	鸭肉	16.5	7.5	0.1	134	0.9	11	145	4.1

续 表

类别	食物名称	蛋白质（克）	脂肪（克）	碳水化合物（克）	热量（千卡）	无机盐类（克）	钙（毫克）	磷（毫克）	铁（毫克）
蛋类	鸡蛋（全）	14.8	11.6	–	164	1.1	55	210	2.7
	鸭蛋（全）	13	14.7	0.5	186	1.8	71	210	3.2
	咸鸭蛋（全）	11.3	13.2	3.3	178	6	102	214	3.6
爬虫	田鸡（青蛙）	11.9	0.3	0.2	51	0.6	22	159	1.3
	甲鱼	16.5	1	1.5	81	0.9	107	135	1.4
蛤类	河螃蟹	1.4	5.9	7.4	139	1.8	129	145	13.0
	明虾	20.6	0.7	0.2	90	1.5	35	150	0.1
	青虾	16.4	1.3	0.1	78	1.2	99	205	0.3
	虾米(河产及海产)	46.8	2	–	205	25.2	882	–	–
	田螺	10.7	1.2	3.8	69	3.3	357	191	19.8
	蛤蜊	10.8	1.6	4.8	77	3	37	82	14.2
鱼类	鲫鱼	13	1.1	0.1	62	0.8	54	20.3	2.5
	鲤鱼	18.1	1.6	0.2	88	1.1	28	17.6	1.3
	鳝鱼	17.9	0.5	–	76	0.6	27	4.6	4.6
	带鱼	15.9	3.4	1.5	100	1.1	48	53	2.3
	黄花鱼（石首鱼）	17.2	0.7	0.3	76	0.9	31	204	1.8
油脂及其他	猪油（炼）	–	99	–	891	–	–	–	–
	芝麻油	–	100	–	900	–	–	–	–
	花生油	–	100	–	900	–	–	–	–
	芝麻酱	20.0	52.9	15	616	5.2	870	530	58
	豆油	–	100	–	900	–	–	–	–

国家学生体质健康标准

说　明

（一）为贯彻落实健康第一的指导思想，切实加强学校体育工作，促进学生积极参加体育锻炼，养成良好的锻炼习惯，提高体质健康水平，特制定本标准。

（二）本标准是《国家体育锻炼标准》的有机组成部分，是《国家体育锻炼标准》在学校的具体实施，是国家对学生体质健康方面的基本要求，适用于全日制小学、初中、普通高中、中等职业学校和普通高等学校的在校学生。

（三）本标准从身体形态、身体机能、身体素质和运动能力等方面综合评定学生的体质健康水平，是促进学生体质健康发展、激励学生积极进行身体锻炼的教育手段，是学生体质健康的个体评价标准。

（四）本标准将测试对象划分为以下组别：小学一、二年级为一组，三、四年级为一组，五、六年级为一组，初、高中每年级各为一组，大学为一组。

小学一、二年级组和三、四年级组测试项目分为三类，身高、体重为必测项目，其他二类测试项目各选测一项。小学五、六年级组，初、高中各组，大学组测试项目均为五类，身高、体重、肺活量为必测项目，其他三类测试项目各选测一项。

选测项目每年由地（市）级教育行政部门、高等学校在测试前两个月确定并公布。选测项目原则上每年不得重复。

（五）学校每学年对学生进行一次本标准的测试，本标准的测试方法按《国家学生体质健康标准解读》（人民教育出版社出版）中的有关要求进行。

（六）本标准各评价指标的得分之和为本标准的最后得分，满分为100分。根据最后得分评定等级：90分及以上为优秀，75～89分为良好，60～74分为及格，59分及以下为不及格。学生体质健康标准成绩每学年评定一次，按评定等级记入《国家学生体质健康标准登记卡》。学生毕业时体质健康标准的成绩和等级，按毕业当年得分和其他学年平均得分各占50%之和进行评定。因病或残疾免予执行本标准的学生，填写《免予执行〈国家学生体质健康标准〉申请表》。

（七）本标准由教育部负责解释。

《国家学生体质健康标准》评价指标与分值

组别	评价指标（测试项目）	分值	备注
小学一、二年级	身高标准体重	20	必测
	坐位体前屈、投沙包	40	选测一项
	50米跑（25米×2往返跑）、立定跳远、跳绳、踢毽子	40	选测一项
小学三、四年级	身高标准体重	20	必测
	坐位体前屈、掷实心球、仰卧起坐	40	选测一项
	50米跑（25米×2往返跑）、立定跳远、跳绳	40	选测一项
小学五、六年级	身高标准体重	10	必测
	肺活量体重指数	20	必测
	400米跑（50米×8往返跑）、台阶试验	30	选测一项
	坐位体前屈、掷实心球、仰卧起坐、握力体重指数	20	选测一项
	50米跑（25米×2往返跑）、立定跳远、跳绳、篮球运球、足球颠球、排球垫球	20	选测一项
初中、高中、大学各年级	身高标准体重	10	必测
	肺活量体重指数	20	必测
	1000米跑（男）、800米跑（女）、台阶试验	30	选测一项
	坐位体前屈、掷实心球、仰卧起坐（女）、引体向上（男）、握力体重指数	20	选测一项
	50米跑、立定跳远、跳绳、篮球运球、足球运球、排球垫球	20	选测一项

注：身高标准体重测试项目为身高、体重，肺活量体重指数测试项目为肺活量，握力体重指数测试项目为握力。

《国家学生体质健康标准》评分表

小学一、二年级男生身高标准体重（体重单位：千克）

身高段（厘米）	营养不良	较低体重	正常体重	超 重	肥胖
	50分	60分	100分	60分	50分
106.0 ~ 106.9	<14.8	14.8 ~ 16.8	16.9 ~ 19.1	19.2 ~ 19.8	≥19.9
107.0 ~ 107.9	<15.1	15.1 ~ 17.1	17.2 ~ 19.5	19.6 ~ 20.3	≥20.4
108.0 ~ 108.9	<15.3	15.3 ~ 17.5	17.6 ~ 19.9	20.0 ~ 20.7	≥20.8
109.0 ~ 109.9	<15.6	15.6 ~ 17.9	18.0 ~ 20.3	20.4 ~ 21.1	≥21.2
110.0 ~ 110.9	<15.8	15.8 ~ 18.3	18.4 ~ 20.7	20.8 ~ 21.5	≥21.6
111.0 ~ 111.9	<16.1	16.1 ~ 18.6	18.7 ~ 21.1	21.2 ~ 21.9	≥22.0
112.0 ~ 112.9	<16.4	16.4 ~ 18.9	19.0 ~ 21.5	21.6 ~ 22.3	≥22.4
113.0 ~ 113.9	<16.7	16.7 ~ 19.2	19.3 ~ 22.0	22.1 ~ 22.8	≥22.9
114.0 ~ 114.9	<17.0	17.0 ~ 19.6	19.7 ~ 22.4	22.5 ~ 23.2	≥23.3
115.0 ~ 115.9	<17.3	17.3 ~ 19.9	20.0 ~ 22.8	22.9 ~ 23.6	≥23.7
116.0 ~ 116.9	<17.6	17.6 ~ 20.3	20.4 ~ 23.2	23.3 ~ 24.1	≥24.2
117.0 ~ 117.9	<18.0	18.0 ~ 20.6	20.7 ~ 23.6	23.7 ~ 24.6	≥24.7
118.0 ~ 118.9	<18.3	18.3 ~ 21.0	21.1 ~ 24.1	24.2 ~ 25.0	≥25.1
119.0 ~ 119.9	<18.6	18.6 ~ 21.4	21.5 ~ 24.6	24.7 ~ 25.5	≥25.6
120.0 ~ 120.9	<19.0	19.0 ~ 21.8	21.9 ~ 25.1	25.2 ~ 26.2	≥26.3
121.0 ~ 121.9	<19.4	19.4 ~ 22.2	22.3 ~ 25.6	25.7 ~ 26.8	≥26.9
122.0 ~ 122.9	<19.7	19.7 ~ 22.6	22.7 ~ 26.2	26.3 ~ 27.4	≥27.5
123.0 ~ 123.9	<20.1	20.1 ~ 23.0	23.1 ~ 26.8	26.9 ~ 28.0	≥28.1
124.0 ~ 124.9	<20.5	20.5 ~ 23.4	23.5 ~ 27.3	27.4 ~ 28.6	≥28.7
125.0 ~ 125.9	<20.9	20.9 ~ 23.8	23.9 ~ 27.8	27.9 ~ 29.2	≥29.3
126.0 ~ 126.9	<21.3	21.3 ~ 24.3	24.4 ~ 28.5	28.6 ~ 29.8	≥29.9
127.0 ~ 127.9	<21.7	21.7 ~ 24.7	24.8 ~ 29.0	29.1 ~ 30.4	≥30.5
128.0 ~ 128.9	<22.1	22.1 ~ 25.1	25.2 ~ 29.5	29.6 ~ 31.0	≥31.1
129.0 ~ 129.9	<22.6	22.6 ~ 25.6	25.7 ~ 30.1	30.2 ~ 31.6	≥31.7
130.0 ~ 130.9	<23.0	23.0 ~ 26.1	26.2 ~ 30.9	31.0 ~ 32.3	≥32.4

续 表

身高段（厘米）	营养不良	较低体重	正常体重	超 重	肥胖
	50 分	60 分	100 分	60 分	50 分
131.0 ~ 131.9	<23.5	23.5 ~ 26.6	26.7 ~ 31.6	31.7 ~ 33.2	≥33.3
132.0 ~ 132.9	<23.9	23.9 ~ 27.1	27.2 ~ 32.3	32.4 ~ 34.0	≥34.1
133.0 ~ 133.9	<24.4	24.4 ~ 27.7	27.8 ~ 32.9	33.0 ~ 34.7	≥34.8
134.0 ~ 134.9	<24.9	24.9 ~ 28.3	28.4 ~ 33.6	33.7 ~ 35.3	≥35.4
135.0 ~ 135.9	<25.3	25.3 ~ 28.9	29.0 ~ 34.2	34.3 ~ 36.0	≥36.1
136.0 ~ 136.9	<25.8	25.8 ~ 29.5	29.6 ~ 34.9	35.0 ~ 36.7	≥36.8
137.0 ~ 137.9	<26.4	26.4 ~ 30.1	30.2 ~ 35.6	35.7 ~ 37.4	≥37.5
138.0 ~ 138.9	<27.0	27.0 ~ 30.8	30.9 ~ 36.3	36.4 ~ 38.2	≥38.3
139.0 ~ 139.9	<27.6	27.6 ~ 31.5	31.6 ~ 37.1	37.2 ~ 39.1	≥39.2
140.0 ~ 140.9	<28.1	28.1 ~ 32.2	32.3 ~ 38.0	38.1 ~ 40.0	≥40.1
141.0 ~ 141.9	<28.6	28.6 ~ 32.9	33.0 ~ 38.9	39.0 ~ 40.9	≥41.0
142.0 ~ 142.9	<29.1	29.1 ~ 33.7	33.8 ~ 39.8	39.9 ~ 41.8	≥41.9
143.0 ~ 143.9	<29.7	29.7 ~ 34.5	34.6 ~ 40.7	40.8 ~ 42.7	≥42.8
144.0 ~ 144.9	<30.3	30.3 ~ 35.2	35.3 ~ 41.7	41.8 ~ 43.6	≥43.7
145.0 ~ 145.9	<30.9	30.9 ~ 35.9	36.0 ~ 42.3	42.4 ~ 44.5	≥44.6
146.0 ~ 146.9	<31.5	31.5 ~ 36.6	36.7 ~ 43.2	43.3 ~ 45.4	≥45.5
147.0 ~ 147.9	<32.1	32.1 ~ 37.4	37.5 ~ 44.2	44.3 ~ 46.4	≥46.5
148.0 ~ 148.9	<32.7	32.7 ~ 38.1	38.2 ~ 45.0	45.1 ~ 47.3	≥47.4
149.0 ~ 149.9	<33.3	33.3 ~ 38.8	38.9 ~ 45.9	46.0 ~ 48.2	≥48.3
150.0 ~ 150.9	<34.0	34.0 ~ 39.5	39.6 ~ 46.7	46.8 ~ 49.1	≥49.2
151.0 ~ 151.9	<34.6	34.6 ~ 40.1	40.2 ~ 47.5	47.6 ~ 49.9	≥50.0
152.0 ~ 152.9	<35.2	35.2 ~ 40.9	41.0 ~ 48.4	48.5 ~ 50.7	≥50.8
153.0 ~ 153.9	<35.9	35.9 ~ 41.6	41.7 ~ 49.1	49.2 ~ 51.5	≥51.6
154.0 ~ 154.9	<36.5	36.5 ~ 42.4	42.5 ~ 49.9	50.0 ~ 52.4	≥52.5
155.0 ~ 155.9	<37.1	37.1 ~ 43.3	43.4 ~ 51.1	51.2 ~ 53.4	≥53.5

注：身高低于表中所列出的最低身高段的下限值时，身高每低 1 厘米，实测体重需加上 0.5 千克，实测身高需加上 1 厘米，再查表确定分值。身高高于表中所列出的最高身高段时，身高每高 1 厘米，其实测体重需减去 0.9 千克，实测身高需减去 1 厘米，再查表确定分值。

小学一、二年级女生身高标准体重（体重单位：千克）

身高段（厘米）	营养不良	较低体重	正常体重	超 重	肥胖
	50 分	60 分	100 分	60 分	50 分
106.0 ~ 106.9	<14.8	14.8 ~ 16.9	17.0 ~ 19.4	19.5 ~ 20.3	≥20.4
107.0 ~ 107.9	<14.9	14.9 ~ 17.0	17.1 ~ 19.6	19.7 ~ 20.4	≥20.5
108.0 ~ 108.9	<15.0	15.0 ~ 17.2	17.3 ~ 19.8	19.9 ~ 20.6	≥20.7
109.0 ~ 109.9	<15.2	15.2 ~ 17.5	17.6 ~ 20.0	20.1 ~ 20.8	≥20.9
110.0 ~ 110.9	<15.5	15.5 ~ 17.8	17.9 ~ 20.3	20.4 ~ 21.1	≥21.2
111.0 ~ 111.9	<15.7	15.7 ~ 18.1	18.2 ~ 20.6	20.7 ~ 21.5	≥21.6
112.0 ~ 112.9	<16.0	16.0 ~ 18.5	18.6 ~ 21.1	21.2 ~ 21.9	≥22.0
113.0 ~ 113.9	<16.2	16.2 ~ 18.8	18.9 ~ 21.5	21.6 ~ 22.3	≥22.4
114.0 ~ 114.9	<16.5	16.5 ~ 19.1	19.2 ~ 21.8	21.9 ~ 22.7	≥22.8
115.0 ~ 115.9	<16.8	16.8 ~ 19.4	19.5 ~ 22.3	22.4 ~ 23.2	≥23.3
116.0 ~ 116.9	<17.2	17.2 ~ 19.8	19.9 ~ 22.6	22.7 ~ 23.7	≥23.8
117.0 ~ 117.9	<17.5	17.5 ~ 20.2	20.3 ~ 23.0	23.1 ~ 24.2	≥24.3
118.0 ~ 118.9	<17.9	17.9 ~ 20.6	20.7 ~ 23.4	23.5 ~ 24.7	≥24.8
119.0 ~ 119.9	<18.2	18.2 ~ 20.9	21.0 ~ 24.0	24.1 ~ 25.2	≥25.3
120.0 ~ 120.9	<18.4	18.4 ~ 21.3	21.4 ~ 24.5	24.6 ~ 25.7	≥25.8
121.0 ~ 121.9	<18.8	18.8 ~ 21.7	21.8 ~ 25.0	25.1 ~ 26.1	≥26.2
122.0 ~ 122.9	<19.2	19.2 ~ 22.1	22.2 ~ 25.4	25.5 ~ 26.6	≥26.7
123.0 ~ 123.9	<19.6	19.6 ~ 22.6	22.7 ~ 25.9	26.0 ~ 27.1	≥27.2
124.0 ~ 124.9	<20.0	20.0 ~ 23.1	23.2 ~ 26.5	26.6 ~ 27.6	≥27.7
125.0 ~ 125.9	<20.4	20.4 ~ 23.6	23.7 ~ 27.0	27.1 ~ 28.2	≥28.3
126.0 ~ 126.9	<20.9	20.9 ~ 24.0	24.1 ~ 27.5	27.6 ~ 28.8	≥28.9
127.0 ~ 127.9	<21.4	21.4 ~ 24.6	24.7 ~ 28.1	28.2 ~ 29.4	≥29.5
128.0 ~ 128.9	<21.8	21.8 ~ 25.0	25.1 ~ 28.8	28.9 ~ 30.1	≥30.2
129.0 ~ 129.9	<22.3	22.3 ~ 25.6	25.7 ~ 29.6	29.7 ~ 31.0	≥31.1
130.0 ~ 130.9	<22.7	22.7 ~ 26.2	26.3 ~ 30.5	30.6 ~ 31.8	≥31.9
131.0 ~ 131.9	<23.2	23.2 ~ 26.7	26.8 ~ 31.1	31.2 ~ 32.5	≥32.6

续 表

身高段（厘米）	营养不良	较低体重	正常体重	超 重	肥胖
	50 分	60 分	100 分	60 分	50 分
132.0 ~ 132.9	<23.7	23.7 ~ 27.3	27.4 ~ 31.8	31.9 ~ 33.3	≥33.4
133.0 ~ 133.9	<24.1	24.1 ~ 27.7	27.8 ~ 32.6	32.7 ~ 34.1	≥34.2
134.0 ~ 134.9	<24.7	24.7 ~ 28.5	28.6 ~ 33.3	33.4 ~ 34.9	≥35.0
135.0 ~ 135.9	<25.1	25.1 ~ 29.2	29.3 ~ 34.3	34.4 ~ 36.0	≥36.1
136.0 ~ 136.9	<25.7	25.7 ~ 29.9	30.0 ~ 35.2	35.3 ~ 36.9	≥37.0
137.0 ~ 137.9	<26.3	26.3 ~ 30.7	30.8 ~ 36.0	36.1 ~ 37.7	≥37.8
138.0 ~ 138.9	<27.0	27.0 ~ 31.5	31.6 ~ 36.9	37.0 ~ 38.7	≥38.8
139.0 ~ 139.9	<27.4	27.4 ~ 32.1	32.2 ~ 37.8	37.9 ~ 39.7	≥39.8
140.0 ~ 140.9	<27.8	27.8 ~ 32.8	32.9 ~ 38.7	38.8 ~ 40.6	≥40.7
141.0 ~ 141.9	<28.5	28.5 ~ 33.5	33.6 ~ 39.7	39.8 ~ 41.7	≥41.8
142.0 ~ 142.9	<29.1	29.1 ~ 34.2	34.3 ~ 40.7	40.8 ~ 42.8	≥42.9
143.0 ~ 143.9	<29.7	29.7 ~ 35.0	35.1 ~ 41.6	41.7 ~ 43.8	≥43.9
144.0 ~ 144.9	<30.3	30.3 ~ 35.7	35.8 ~ 42.6	42.7 ~ 44.9	≥45.0
145.0 ~ 145.9	<30.8	30.8 ~ 36.4	36.5 ~ 43.6	43.7 ~ 46.0	≥46.1
146.0 ~ 146.9	<31.4	31.4 ~ 37.1	37.2 ~ 44.5	44.6 ~ 46.9	≥47.0
147.0 ~ 147.9	<32.1	32.1 ~ 37.8	37.9 ~ 45.3	45.4 ~ 47.8	≥47.9
148.0 ~ 148.9	<32.6	32.6 ~ 38.5	38.6 ~ 46.2	46.3 ~ 48.7	≥48.8
149.0 ~ 149.9	<33.2	33.2 ~ 39.1	39.2 ~ 46.9	47.0 ~ 49.5	≥49.6
150.0 ~ 150.9	<33.7	33.7 ~ 39.7	39.8 ~ 47.7	47.8 ~ 50.5	≥50.6
151.0 ~ 151.9	<34.4	34.4 ~ 40.4	40.5 ~ 48.7	48.8 ~ 51.4	≥51.5
152.0 ~ 152.9	<34.9	34.9 ~ 41.1	41.2 ~ 49.5	49.6 ~ 52.3	≥52.4
153.0 ~ 153.9	<35.6	35.6 ~ 41.8	41.9 ~ 50.4	50.5 ~ 53.2	≥53.3
154.0 ~ 154.9	<36.2	36.2 ~ 42.5	42.6 ~ 51.1	51.2 ~ 54.0	≥54.1
155.0 ~ 155.9	<36.9	36.9 ~ 43.2	43.3 ~ 52.0	52.1 ~ 54.8	≥54.9

注：身高低于表中所列出的最低身高段的下限值时，身高每低 1 厘米，实测体重需加上 0.5 千克，实测身高需加上 1 厘米，再查表确定分值。身高高于表中所列出的最高身高段时，身高每高 1 厘米，其实测体重需减去 0.9 千克，实测身高需减去 1 厘米，再查表确定分值。

小学三、四年级男生身高标准体重（体重单位：千克）

身高段（厘米）	营养不良	较低体重	正常体重	超 重	肥胖
	50 分	60 分	100 分	60 分	50 分
106.0 ~ 106.9	<14.8	14.8 ~ 16.8	16.9 ~ 19.1	19.2 ~ 19.8	≥19.9
107.0 ~ 107.9	<15.1	15.1 ~ 17.1	17.2 ~ 19.5	19.6 ~ 20.3	≥20.4
108.0 ~ 108.9	<15.3	15.3 ~ 17.5	17.6 ~ 19.9	20.0 ~ 20.7	≥20.8
109.0 ~ 109.9	<15.6	15.6 ~ 17.9	18.0 ~ 20.3	20.4 ~ 21.1	≥21.2
110.0 ~ 110.9	<15.8	15.8 ~ 18.3	18.4 ~ 20.7	20.8 ~ 21.5	≥21.6
111.0 ~ 111.9	<16.1	16.1 ~ 18.6	18.7 ~ 21.1	21.2 ~ 21.9	≥22.0
112.0 ~ 112.9	<16.4	16.4 ~ 18.9	19.0 ~ 21.5	21.6 ~ 22.3	≥22.4
113.0 ~ 113.9	<16.7	16.7 ~ 19.2	19.3 ~ 22.0	22.1 ~ 22.8	≥22.9
114.0 ~ 114.9	<17.0	17.0 ~ 19.6	19.7 ~ 22.4	22.5 ~ 23.2	≥23.3
115.0 ~ 115.9	<17.3	17.3 ~ 19.9	20.0 ~ 22.8	22.9 ~ 23.6	≥23.7
116.0 ~ 116.9	<17.6	17.6 ~ 20.3	20.4 ~ 23.2	23.3 ~ 24.1	≥24.2
117.0 ~ 117.9	<18.0	18.0 ~ 20.6	20.7 ~ 23.6	23.7 ~ 24.6	≥24.7
118.0 ~ 118.9	<18.3	18.3 ~ 21.0	21.1 ~ 24.1	24.2 ~ 25.0	≥25.1
119.0 ~ 119.9	<18.6	18.6 ~ 21.4	21.5 ~ 24.6	24.7 ~ 25.5	≥25.6
120.0 ~ 120.9	<19.0	19.0 ~ 21.8	21.9 ~ 25.1	25.2 ~ 26.2	≥26.3
121.0 ~ 121.9	<19.4	19.4 ~ 22.2	22.3 ~ 25.6	25.7 ~ 26.8	≥26.9
122.0 ~ 122.9	<19.7	19.7 ~ 22.6	22.7 ~ 26.2	26.3 ~ 27.4	≥27.5
123.0 ~ 123.9	<20.1	20.1 ~ 23.0	23.1 ~ 26.8	26.9 ~ 28.0	≥28.1
124.0 ~ 124.9	<20.5	20.5 ~ 23.4	23.5 ~ 27.3	27.4 ~ 28.6	≥28.7
125.0 ~ 125.9	<20.9	20.9 ~ 23.8	23.9 ~ 27.8	27.9 ~ 29.2	≥29.3
126.0 ~ 126.9	<21.3	21.3 ~ 24.3	24.4 ~ 28.5	28.6 ~ 29.8	≥29.9
127.0 ~ 127.9	<21.7	21.7 ~ 24.7	24.8 ~ 29.0	29.1 ~ 30.4	≥30.5
128.0 ~ 128.9	<22.1	22.1 ~ 25.1	25.2 ~ 29.5	29.6 ~ 31.0	≥31.1
129.0 ~ 129.9	<22.6	22.6 ~ 25.6	25.7 ~ 30.1	30.2 ~ 31.6	≥31.7
130.0 ~ 130.9	<23.0	23.0 ~ 26.1	26.2 ~ 30.9	31.0 ~ 32.3	≥32.4
131.0 ~ 131.9	<23.5	23.5 ~ 26.6	26.7 ~ 31.6	31.7 ~ 33.2	≥33.3

续　表

身高段（厘米）	营养不良	较低体重	正常体重	超 重	肥胖
	50 分	60 分	100 分	60 分	50 分
132.0 ~ 132.9	<23.9	23.9 ~ 27.1	27.2 ~ 32.3	32.4 ~ 34.0	≥34.1
133.0 ~ 133.9	<24.4	24.4 ~ 27.7	27.8 ~ 32.9	33.0 ~ 34.7	≥34.8
134.0 ~ 134.9	<24.9	24.9 ~ 28.3	28.4 ~ 33.6	33.7 ~ 35.3	≥35.4
135.0 ~ 135.9	<25.3	25.3 ~ 28.9	29.0 ~ 34.2	34.3 ~ 36.0	≥36.1
136.0 ~ 136.9	<25.8	25.8 ~ 29.5	29.6 ~ 34.9	35.0 ~ 36.7	≥36.8
137.0 ~ 137.9	<26.4	26.4 ~ 30.1	30.2 ~ 35.6	35.7 ~ 37.4	≥37.5
138.0 ~ 138.9	<27.0	27.0 ~ 30.8	30.9 ~ 36.3	36.4 ~ 38.2	≥38.3
139.0 ~ 139.9	<27.6	27.6 ~ 31.5	31.6 ~ 37.1	37.2 ~ 39.1	≥39.2
140.0 ~ 140.9	<28.1	28.1 ~ 32.2	32.3 ~ 38.0	38.1 ~ 40.0	≥40.1
141.0 ~ 141.9	<28.6	28.6 ~ 32.9	33.0 ~ 38.9	39.0 ~ 40.9	≥41.0
142.0 ~ 142.9	<29.1	29.1 ~ 33.7	33.8 ~ 39.8	39.9 ~ 41.8	≥41.9
143.0 ~ 143.9	<29.7	29.7 ~ 34.5	34.6 ~ 40.7	40.8 ~ 42.7	≥42.8
144.0 ~ 144.9	<30.3	30.3 ~ 35.2	35.3 ~ 41.7	41.8 ~ 43.6	≥43.7
145.0 ~ 145.9	<30.9	30.9 ~ 35.9	36.0 ~ 42.3	42.4 ~ 44.5	≥44.6
146.0 ~ 146.9	<31.5	31.5 ~ 36.6	36.7 ~ 43.2	43.3 ~ 45.4	≥45.5
147.0 ~ 147.9	<32.1	32.1 ~ 37.4	37.5 ~ 44.2	44.3 ~ 46.4	≥46.5
148.0 ~ 148.9	<32.7	32.7 ~ 38.1	38.2 ~ 45.0	45.1 ~ 47.3	≥47.4
149.0 ~ 149.9	<33.3	33.3 ~ 38.8	38.9 ~ 45.9	46.0 ~ 48.2	≥48.3
150.0 ~ 150.9	<34.0	34.0 ~ 39.5	39.6 ~ 46.7	46.8 ~ 49.1	≥49.2
151.0 ~ 151.9	<34.6	34.6 ~ 40.1	40.2 ~ 47.5	47.6 ~ 49.9	≥50.0
152.0 ~ 152.9	<35.2	35.2 ~ 40.9	41.0 ~ 48.4	48.5 ~ 50.7	≥50.8
153.0 ~ 153.9	<35.9	35.9 ~ 41.6	41.7 ~ 49.1	49.2 ~ 51.5	≥51.6
154.0 ~ 154.9	<36.5	36.5 ~ 42.4	42.5 ~ 49.9	50.0 ~ 52.4	≥52.5
155.0 ~ 155.9	<37.1	37.1 ~ 43.3	43.4 ~ 51.1	51.2 ~ 53.4	≥53.5

注：身高低于表中所列出的最低身高段的下限值时，身高每低 1 厘米，实测体重需加上 0.5 千克，实测身高需加上 1 厘米，再查表确定分值。身高高于表中所列出的最高身高段时，身高每高 1 厘米，其实测体重需减去 0.9 千克，实测身高需减去 1 厘米，再查表确定分值。

小学三、四年级女生身高标准体重（体重单位：千克）

身高段（厘米）	营养不良	较低体重	正常体重	超 重	肥胖
	50 分	60 分	100 分	60 分	50 分
106.0 ~ 106.9	<14.8	14.8 ~ 16.9	17.0 ~ 19.4	19.5 ~ 20.3	≥20.4
107.0 ~ 107.9	<14.9	14.9 ~ 17.0	17.1 ~ 19.6	19.7 ~ 20.4	≥20.5
108.0 ~ 108.9	<15.0	15.0 ~ 17.2	17.3 ~ 19.8	19.9 ~ 20.6	≥20.7
109.0 ~ 109.9	<15.2	15.2 ~ 17.5	17.6 ~ 20.0	20.1 ~ 20.8	≥20.9
110.0 ~ 110.9	<15.5	15.5 ~ 17.8	17.9 ~ 20.3	20.4 ~ 21.1	≥21.2
111.0 ~ 111.9	<15.7	15.7 ~ 18.1	18.2 ~ 20.6	20.7 ~ 21.5	≥21.6
112.0 ~ 112.9	<16.0	16.0 ~ 18.5	18.6 ~ 21.1	21.2 ~ 21.9	≥22.0
113.0 ~ 113.9	<16.2	16.2 ~ 18.8	18.9 ~ 21.5	21.6 ~ 22.3	≥22.4
114.0 ~ 114.9	<16.5	16.5 ~ 19.1	19.2 ~ 21.8	21.9 ~ 22.7	≥22.8
115.0 ~ 115.9	<16.8	16.8 ~ 19.4	19.5 ~ 22.3	22.4 ~ 23.2	≥23.3
116.0 ~ 116.9	<17.2	17.2 ~ 19.8	19.9 ~ 22.6	22.7 ~ 23.7	≥23.8
117.0 ~ 117.9	<17.5	17.5 ~ 20.2	20.3 ~ 23.0	23.1 ~ 24.2	≥24.3
118.0 ~ 118.9	<17.9	17.9 ~ 20.6	20.7 ~ 23.4	23.5 ~ 24.7	≥24.8
119.0 ~ 119.9	<18.2	18.2 ~ 20.9	21.0 ~ 24.0	24.1 ~ 25.2	≥25.3
120.0 ~ 120.9	<18.4	18.4 ~ 21.3	21.4 ~ 24.5	24.6 ~ 25.7	≥25.8
121.0 ~ 121.9	<18.8	18.8 ~ 21.7	21.8 ~ 25.0	25.1 ~ 26.1	≥26.2
122.0 ~ 122.9	<19.2	19.2 ~ 22.1	22.2 ~ 25.4	25.5 ~ 26.6	≥26.7
123.0 ~ 123.9	<19.6	19.6 ~ 22.6	22.7 ~ 25.9	26.0 ~ 27.1	≥27.2
124.0 ~ 124.9	<20.0	20.0 ~ 23.1	23.2 ~ 26.5	26.6 ~ 27.6	≥27.7
125.0 ~ 125.9	<20.4	20.4 ~ 23.6	23.7 ~ 27.0	27.1 ~ 28.2	≥28.3
126.0 ~ 126.9	<20.9	20.9 ~ 24.0	24.1 ~ 27.5	27.6 ~ 28.8	≥28.9
127.0 ~ 127.9	<21.4	21.4 ~ 24.6	24.7 ~ 28.1	28.2 ~ 29.4	≥29.5
128.0 ~ 128.9	<21.8	21.8 ~ 25.0	25.1 ~ 28.8	28.9 ~ 30.1	≥30.2
129.0 ~ 129.9	<22.3	22.3 ~ 25.6	25.7 ~ 29.6	29.7 ~ 31.0	≥31.1
130.0 ~ 130.9	<22.7	22.7 ~ 26.2	26.3 ~ 30.5	30.6 ~ 31.8	≥31.9
131.0 ~ 131.9	<23.2	23.2 ~ 26.7	26.8 ~ 31.1	31.2 ~ 32.5	≥32.6

续　表

身高段（厘米）	营养不良	较低体重	正常体重	超 重	肥胖
	50 分	60 分	100 分	60 分	50 分
132.0 ~ 132.9	<23.7	23.7 ~ 27.3	27.4 ~ 31.8	31.9 ~ 33.3	≥33.4
133.0 ~ 133.9	<24.1	24.1 ~ 27.7	27.8 ~ 32.6	32.7 ~ 34.1	≥34.2
134.0 ~ 134.9	<24.7	24.7 ~ 28.5	28.6 ~ 33.3	33.4 ~ 34.9	≥35.0
135.0 ~ 135.9	<25.1	25.1 ~ 29.2	29.3 ~ 34.3	34.4 ~ 36.0	≥36.1
136.0 ~ 136.9	<25.7	25.7 ~ 29.9	30.0 ~ 35.2	35.3 ~ 36.9	≥37.0
137.0 ~ 137.9	<26.3	26.3 ~ 30.7	30.8 ~ 36.0	36.1 ~ 37.7	≥37.8
138.0 ~ 138.9	<27.0	27.0 ~ 31.5	31.6 ~ 36.9	37.0 ~ 38.7	≥38.8
139.0 ~ 139.9	<27.4	27.4 ~ 32.1	32.2 ~ 37.8	37.9 ~ 39.7	≥39.8
140.0 ~ 140.9	<27.8	27.8 ~ 32.8	32.9 ~ 38.7	38.8 ~ 40.6	≥40.7
141.0 ~ 141.9	<28.5	28.5 ~ 33.5	33.6 ~ 39.7	39.8 ~ 41.7	≥41.8
142.0 ~ 142.9	<29.1	29.1 ~ 34.2	34.3 ~ 40.7	40.8 ~ 42.8	≥42.9
143.0 ~ 143.9	<29.7	29.7 ~ 35.0	35.1 ~ 41.6	41.7 ~ 43.8	≥43.9
144.0 ~ 144.9	<30.3	30.3 ~ 35.7	35.8 ~ 42.6	42.7 ~ 44.9	≥45.0
145.0 ~ 145.9	<30.8	30.8 ~ 36.4	36.5 ~ 43.6	43.7 ~ 46.0	≥46.1
146.0 ~ 146.9	<31.4	31.4 ~ 37.1	37.2 ~ 44.5	44.6 ~ 46.9	≥47.0
147.0 ~ 147.9	<32.1	32.1 ~ 37.8	37.9 ~ 45.3	45.4 ~ 47.8	≥47.9
148.0 ~ 148.9	<32.6	32.6 ~ 38.5	38.6 ~ 46.2	46.3 ~ 48.7	≥48.8
149.0 ~ 149.9	<33.2	33.2 ~ 39.1	39.2 ~ 46.9	47.0 ~ 49.5	≥49.6
150.0 ~ 150.9	<33.7	33.7 ~ 39.7	39.8 ~ 47.7	47.8 ~ 50.5	≥50.6
151.0 ~ 151.9	<34.4	34.4 ~ 40.4	40.5 ~ 48.7	48.8 ~ 51.4	≥51.5
152.0 ~ 152.9	<34.9	34.9 ~ 41.1	41.2 ~ 49.5	49.6 ~ 52.3	≥52.4
153.0 ~ 153.9	<35.6	35.6 ~ 41.8	41.9 ~ 50.4	50.5 ~ 53.2	≥53.3
154.0 ~ 154.9	<36.2	36.2 ~ 42.5	42.6 ~ 51.1	51.2 ~ 54.0	≥54.1
155.0 ~ 155.9	<36.9	36.9 ~ 43.2	43.3 ~ 52.0	52.1 ~ 54.8	≥54.9

注：身高低于表中所列出的最低身高段的下限值时，身高每低 1 厘米，实测体重需加上 0.5 千克，实测身高需加上 1 厘米，再查表确定分值。身高高于表中所列出的最高身高段时，身高每高 1 厘米，其实测体重需减去 0.9 千克，实测身高需减去 1 厘米，再查表确定分值。

小学五、六年级男生身高标准体重（体重单位：千克）

身高段（厘米）	营养不良	较低体重	正常体重	超 重	肥胖
	50 分	60 分	100 分	60 分	50 分
106.0 ~ 106.9	<14.8	14.8 ~ 16.8	16.9 ~ 19.1	19.2 ~ 19.8	≥19.9
107.0 ~ 107.9	<15.1	15.1 ~ 17.1	17.2 ~ 19.5	19.6 ~ 20.3	≥20.4
108.0 ~ 108.9	<15.3	15.3 ~ 17.5	17.6 ~ 19.9	20.0 ~ 20.7	≥20.8
109.0 ~ 109.9	<15.6	15.6 ~ 17.9	18.0 ~ 20.3	20.4 ~ 21.1	≥21.2
110.0 ~ 110.9	<15.8	15.8 ~ 18.3	18.4 ~ 20.7	20.8 ~ 21.5	≥21.6
111.0 ~ 111.9	<16.1	16.1 ~ 18.6	18.7 ~ 21.1	21.2 ~ 21.9	≥22.0
112.0 ~ 112.9	<16.4	16.4 ~ 18.9	19.0 ~ 21.5	21.6 ~ 22.3	≥22.4
113.0 ~ 113.9	<16.7	16.7 ~ 19.2	19.3 ~ 22.0	22.1 ~ 22.8	≥22.9
114.0 ~ 114.9	<17.0	17.0 ~ 19.6	19.7 ~ 22.4	22.5 ~ 23.2	≥23.3
115.0 ~ 115.9	<17.3	17.3 ~ 19.9	20.0 ~ 22.8	22.9 ~ 23.6	≥23.7
116.0 ~ 116.9	<17.6	17.6 ~ 20.3	20.4 ~ 23.2	23.3 ~ 24.1	≥24.2
117.0 ~ 117.9	<18.0	18.0 ~ 20.6	20.7 ~ 23.6	23.7 ~ 24.6	≥24.7
118.0 ~ 118.9	<18.3	18.3 ~ 21.0	21.1 ~ 24.1	24.2 ~ 25.0	≥25.1
119.0 ~ 119.9	<18.6	18.6 ~ 21.4	21.5 ~ 24.6	24.7 ~ 25.5	≥25.6
120.0 ~ 120.9	<19.0	19.0 ~ 21.8	21.9 ~ 25.1	25.2 ~ 26.2	≥26.3
121.0 ~ 121.9	<19.4	19.4 ~ 22.2	22.3 ~ 25.6	25.7 ~ 26.8	≥26.9
122.0 ~ 122.9	<19.7	19.7 ~ 22.6	22.7 ~ 26.2	26.3 ~ 27.4	≥27.5
123.0 ~ 123.9	<20.1	20.1 ~ 23.0	23.1 ~ 26.8	26.9 ~ 28.0	≥28.1
124.0 ~ 124.9	<20.5	20.5 ~ 23.4	23.5 ~ 27.3	27.4 ~ 28.6	≥28.7
125.0 ~ 125.9	<20.9	20.9 ~ 23.8	23.9 ~ 27.8	27.9 ~ 29.2	≥29.3
126.0 ~ 126.9	<21.3	21.3 ~ 24.3	24.4 ~ 28.5	28.6 ~ 29.8	≥29.9
127.0 ~ 127.9	<21.7	21.7 ~ 24.7	24.8 ~ 29.0	29.1 ~ 30.4	≥30.5
128.0 ~ 128.9	<22.1	22.1 ~ 25.1	25.2 ~ 29.5	29.6 ~ 31.0	≥31.1
129.0 ~ 129.9	<22.6	22.6 ~ 25.6	25.7 ~ 30.1	30.2 ~ 31.6	≥31.7
130.0 ~ 130.9	<23.0	23.0 ~ 26.1	26.2 ~ 30.9	31.0 ~ 32.3	≥32.4
131.0 ~ 131.9	<23.5	23.5 ~ 26.6	26.7 ~ 31.6	31.7 ~ 33.2	≥33.3

续 表

身高段（厘米）	营养不良	较低体重	正常体重	超 重	肥胖
	50 分	60 分	100 分	60 分	50 分
132.0 ~ 132.9	<23.9	23.9 ~ 27.1	27.2 ~ 32.3	32.4 ~ 34.0	≥34.1
133.0 ~ 133.9	<24.4	24.4 ~ 27.7	27.8 ~ 32.9	33.0 ~ 34.7	≥34.8
134.0 ~ 134.9	<24.9	24.9 ~ 28.3	28.4 ~ 33.6	33.7 ~ 35.3	≥35.4
135.0 ~ 135.9	<25.3	25.3 ~ 28.9	29.0 ~ 34.2	34.3 ~ 36.0	≥36.1
136.0 ~ 136.9	<25.8	25.8 ~ 29.5	29.6 ~ 34.9	35.0 ~ 36.7	≥36.8
137.0 ~ 137.9	<26.4	26.4 ~ 30.1	30.2 ~ 35.6	35.7 ~ 37.4	≥37.5
138.0 ~ 138.9	<27.0	27.0 ~ 30.8	30.9 ~ 36.3	36.4 ~ 38.2	≥38.3
139.0 ~ 139.9	<27.6	27.6 ~ 31.5	31.6 ~ 37.1	37.2 ~ 39.1	≥39.2
140.0 ~ 140.9	<28.1	28.1 ~ 32.2	32.3 ~ 38.0	38.1 ~ 40.0	≥40.1
141.0 ~ 141.9	<28.6	28.6 ~ 32.9	33.0 ~ 38.9	39.0 ~ 40.9	≥41.0
142.0 ~ 142.9	<29.1	29.1 ~ 33.7	33.8 ~ 39.8	39.9 ~ 41.8	≥41.9
143.0 ~ 143.9	<29.7	29.7 ~ 34.5	34.6 ~ 40.7	40.8 ~ 42.7	≥42.8
144.0 ~ 144.9	<30.3	30.3 ~ 35.2	35.3 ~ 41.7	41.8 ~ 43.6	≥43.7
145.0 ~ 145.9	<30.9	30.9 ~ 35.9	36.0 ~ 42.3	42.4 ~ 44.5	≥44.6
146.0 ~ 146.9	<31.5	31.5 ~ 36.6	36.7 ~ 43.2	43.3 ~ 45.4	≥45.5
147.0 ~ 147.9	<32.1	32.1 ~ 37.4	37.5 ~ 44.2	44.3 ~ 46.4	≥46.5
148.0 ~ 148.9	<32.7	32.7 ~ 38.1	38.2 ~ 45.0	45.1 ~ 47.3	≥47.4
149.0 ~ 149.9	<33.3	33.3 ~ 38.8	38.9 ~ 45.9	46.0 ~ 48.2	≥48.3
150.0 ~ 150.9	<34.0	34.0 ~ 39.5	39.6 ~ 46.7	46.8 ~ 49.1	≥49.2
151.0 ~ 151.9	<34.6	34.6 ~ 40.1	40.2 ~ 47.5	47.6 ~ 49.9	≥50.0
152.0 ~ 152.9	<35.2	35.2 ~ 40.9	41.0 ~ 48.4	48.5 ~ 50.7	≥50.8
153.0 ~ 153.9	<35.9	35.9 ~ 41.6	41.7 ~ 49.1	49.2 ~ 51.5	≥51.6
154.0 ~ 154.9	<36.5	36.5 ~ 42.4	42.5 ~ 49.9	50.0 ~ 52.4	≥52.5
155.0 ~ 155.9	<37.1	37.1 ~ 43.3	43.4 ~ 51.1	51.2 ~ 53.4	≥53.5

注：身高低于表中所列出的最低身高段的下限值时，身高每低 1 厘米，实测体重需加上 0.5 千克，实测身高需加上 1 厘米，再查表确定分值。身高高于表中所列出的最高身高段时，身高每高 1 厘米，其实测体重需减去 0.9 千克，实测身高需减去 1 厘米，再查表确定分值。

小学五、六年级女生身高标准体重（体重单位：千克）

身高段（厘米）	营养不良	较低体重	正常体重	超 重	肥胖
	7分	9分	16分	9分	7分
115.0～115.9	<17.1	17.1～19.4	19.5～24.1	24.2～25.6	≥25.7
116.0～116.9	<17.4	17.4～19.7	19.8～24.5	24.6～26.1	≥26.2
117.0～117.9	<17.7	17.7～20.3	20.4～25.1	25.2～26.7	≥26.8
118.0～118.9	<18.1	18.1～20.7	20.8～25.7	25.8～27.3	≥27.4
119.0～119.9	<18.3	18.3～21.1	21.2～26.2	26.3～27.9	≥28.0
120.0～120.9	<18.4	18.4～21.3	21.4～26.6	26.7～28.3	≥28.4
121.0～121.9	<18.9	18.9～21.8	21.9～27.2	27.3～29.0	≥29.1
122.0～122.9	<19.2	19.2～22.1	22.2～27.8	27.9～29.7	≥29.8
123.0～123.9	<19.6	19.6～22.5	22.6～28.1	28.2～30.5	≥30.6
124.0～124.9	<19.8	19.8～22.7	22.8～28.7	28.8～30.7	≥30.8
125.0～125.9	<20.3	20.3～23.3	23.4～29.3	29.4～31.3	≥31.4
126.0～126.9	<20.7	20.7～23.7	23.8～29.7	29.8～31.7	≥31.8
127.0～127.9	<21.1	21.1～24.2	24.3～30.4	30.5～32.4	≥32.5
128.0～128.9	<21.4	21.4～24.6	24.7～30.8	30.9～32.8	≥32.9
129.0～129.9	<21.9	21.9～25.1	25.2～31.4	31.5～33.5	≥33.6
130.0～130.9	<22.4	22.4～25.6	25.7～31.9	32.0～34.0	≥34.1
131.0～131.9	<22.8	22.8～26.1	26.2～32.6	32.7～34.7	≥34.8
132.0～132.9	<23.3	23.3～26.6	26.7～33.2	33.3～35.4	≥35.5
133.0～133.9	<23.8	23.8～27.1	27.2～33.9	34.0～36.1	≥36.2
134.0～134.9	<24.2	24.2～27.6	27.7～34.5	34.6～36.8	≥36.9
135.0～135.9	<24.7	24.7～28.2	28.3～35.3	35.4～37.6	≥37.7
136.0～136.9	<25.2	25.2～28.7	28.8～35.8	35.9～38.1	≥38.2
137.0～137.9	<25.7	25.7～29.3	29.4～36.7	36.8～38.9	≥39.0
138.0～138.9	<26.3	26.3～30.0	30.1～37.2	37.3～39.6	≥39.7
139.0～139.9	<26.9	26.9～30.6	30.7～38.0	38.1～40.4	≥40.5
140.0～140.9	<27.3	27.3～31.1	31.2～38.5	38.6～40.9	≥41.0

续 表

身高段（厘米）	营养不良	较低体重	正常体重	超 重	肥胖
	7 分	9 分	15 分	9 分	7 分
141.0～141.9	<27.8	27.8～31.6	31.7～39.0	39.1～41.4	≥41.5
142.0～142.9	<28.3	28.3～32.2	32.3～39.7	39.8～42.2	≥42.3
143.0～143.9	<28.9	28.9～32.7	32.8～40.2	40.3～42.7	≥42.8
144.0～144.9	<29.2	29.2～33.3	33.4～41.0	41.1～43.5	≥43.6
145.0～145.9	<29.8	29.8～33.9	34.0～41.7	41.8～44.1	≥44.2
146.0～146.9	<30.4	30.4～34.6	34.7～42.6	42.7～45.2	≥45.3
147.0～147.9	<30.8	30.8～35.2	35.3～43.3	43.4～46.0	≥46.1
148.0～148.9	<31.5	31.5～35.9	36.0～44.0	44.1～46.7	≥46.8
149.0～149.9	<32.3	32.3～36.6	36.7～44.9	45.0～47.6	≥47.7
150.0～150.9	<32.8	32.8～37.3	37.4～45.6	45.7～48.3	≥48.4
151.0～151.9	<33.2	32.2～37.9	38.0～46.2	46.3～48.9	≥49.0
152.0～152.9	<33.8	33.8～38.5	38.6～46.8	46.9～49.5	≥49.6
153.0～153.9	<34.5	34.5～39.2	39.3～47.6	47.7～50.4	≥50.5
154.0～154.9	<35.0	35.0～39.9	40.0～48.3	48.4～51.1	≥51.2
155.0～155.9	<35.6	35.6～40.6	40.7～49.0	49.1～51.8	≥51.9
156.0～156.9	<36.2	36.2～41.2	41.3～49.8	49.9～52.6	≥52.7
157.0～157.9	<36.8	36.8～41.9	42.0～50.6	50.7～53.5	≥53.6
158.0～158.9	<37.2	37.2～42.5	42.6～51.4	51.5～54.3	≥54.4
159.0～159.9	<37.8	37.8～43.2	43.3～52.1	52.2～55.1	≥55.2
160.0～160.9	<38.3	38.3～43.9	44.0～52.9	53.0～55.9	≥56.0
161.0～161.9	<38.9	38.9～44.5	44.6～53.5	53.6～56.5	≥56.6
162.0～162.9	<39.4	39.4～45.1	45.2～54.1	54.2～57.1	≥57.2
163.0～163.9	<40.1	40.1～45.8	45.9～54.8	54.9～57.8	≥57.9
164.0～164.9	<40.6	40.6～46.5	46.6～55.7	55.8～58.7	≥58.8
165.0～165.9	<41.2	41.2～47.1	47.2～56.4	56.5～59.5	≥59.6
166.0～166.9	<41.8	41.8～47.7	47.8～57.0	57.1～60.0	≥60.2

续 表

身高段（厘米）	营养不良	较低体重	正常体重	超 重	肥胖
	7分	9分	15分	9分	7分
167.0~167.9	<42.4	42.4~48.4	48.5~58.0	58.1~61.2	≥61.3
168.0~168.9	<42.8	42.8~49.1	49.2~58.9	59.0~62.1	≥62.2
注：身高低于表中所列出的最低身高段的下限值时，身高每低1厘米，实测体重需加上0.5千克，实测身高需加上1厘米，再查表确定分值。身高高于表中所列出的最高身高段时，身高每高1厘米，其实测体重需减去0.9千克，实测身高需减去1厘米，再查表确定分值。					

初中一年级至三年级男生身高标准体重（体重单位：千克）

身高段（厘米）	营养不良	较低体重	正常体重	超 重	肥胖
	50分	60分	100分	60分	50分
123~123.9	<21.4	21.4~28.5	28.6~34.2	34.3~36.2	≥36.3
124~124.9	<21.6	21.6~29	29.1~34.8	34.9~36.9	≥37.0
125~125.9	<22.2	22.2~29.6	29.7~35.4	35.5~37.5	≥37.6
126~126.9	<22.6	22.6~30.4	30.5~36.2	36.3~38.4	≥38.5
127~127.9	<22.8	22.8~30.9	31~36.9	37~39.1	≥39.2
128~128.9	<23.4	23.4~31.5	31.6~37.6	37.7~39.8	≥39.9
129~129.9	<24.1	24.1~32.2	32.3~38.2	38.3~40.4	≥40.5
130~130.9	<24.6	24.6~32.8	32.9~39.1	39.2~41.3	≥41.4
131~131.9	<25.1	25.1~33.4	33.5~39.7	39.8~41.9	≥42.0
132~132.9	<25.7	25.7~34	34.1~40.3	40.4~42.5	≥42.6
133~133.9	<26.3	26.3~34.6	34.7~41.3	41.4~43.2	≥43.3
134~134.9	<26.8	26.8~35.2	35.3~41.6	41.7~43.9	≥44.0
135~135.9	<27.2	27.2~35.8	35.9~42.2	42.3~44.5	≥44.6
136~136.9	<27.8	27.8~36.4	36.5~42.8	42.9~45.1	≥45.2
137~137.9	<28.2	28.2~37	37.1~43.4	43.5~45.7	≥45.8
138~138.9	<28.7	28.7~37.6	37.7~44.1	44.2~46.4	≥46.5
139~139.9	<29.4	29.4~38.3	38.4~44.7	44.8~47	≥47.1
140~140.9	<30.1	30.1~39	39.1~45.6	45.7~47.9	≥48.0

续 表

身高段（厘米）	营养不良	较低体重	正常体重	超 重	肥胖
	50 分	60 分	100 分	60 分	50 分
141～141.9	<30.8	30.8～39.7	39.8～46.3	46.4～48.6	≥48.7
142～142.9	<31.5	31.5～40.4	40.5～47	47.1～49.3	≥49.4
143～143.9	<32.2	32.2～41.1	41.2～47.7	47.8～50	≥50.1
144～144.9	<32.8	32.8～41.8	41.9～48.4	48.5～50.7	≥50.8
145～145.9	<33.5	33.5～42.5	42.6～49.2	49.3～51.6	≥51.7
146～146.9	<34.1	34.1～43.1	43.2～49.8	49.9～52.2	≥52.3
147～147.9	<34.6	34.6～43.8	43.9～50.5	50.6～52.9	≥53.0
148～148.9	<35.3	35.3～44.5	44.6～51.4	51.5～53.8	≥53.9
149～149.9	<35.8	35.8～45.1	45.2～52	52.1～54.4	≥54.5
150～150.9	<36.5	36.5～45.8	45.9～52.7	52.8～55.1	≥55.2
151～151.9	<37.0	37～46.5	46.6～53.5	53.6～56	≥56.1
152～152.9	<37.6	37.6～47.1	47.2～54.1	54.2～56.6	≥56.7
153～153.9	<38.3	38.3～47.8	47.9～54.8	54.9～57.3	≥57.4
154～154.9	<39.0	39～48.5	48.6～55.5	55.6～58	≥58.1
155～155.9	<39.6	39.6～49.1	49.2～56.1	56.2～58.6	≥58.7
156～156.9	<40.3	40.3～49.8	49.9～56.8	56.9～59.3	≥59.4
157～157.9	<40.9	40.9～50.5	50.6～57.7	57.8～60.2	≥60.3
158～158.9	<41.4	41.4～51.2	51.3～58.4	58.5～60.9	≥61.0
159～159.9	<42.2	42.2～51.9	52～59.1	59.2～61.6	≥61.7
160～160.9	<42.9	42.9～52.7	52.8～59.9	60～62.4	≥62.5
161～161.9	<43.6	43.6～53.4	53.5～60.6	60.7～63.1	≥63.2
162～162.9	<44.3	44.3～54.1	54.2～61.4	61.5～64	≥64.1
163～163.9	<44.8	44.8～54.7	54.8～62	62.1～64.6	≥64.7
164～164.9	<45.4	45.4～55.4	55.5～62.7	62.8～65.1	≥65.2
165～165.9	<46.2	46.2～56.1	56.2～63.4	63.5～66	≥66.1
166～166.9	<46.8	46.8～56.7	56.8～64	64.1～66.6	≥66.7

续 表

身高段（厘米）	营养不良	较低体重	正常体重	超重	肥胖
	50 分	60 分	100 分	60 分	50 分
167~167.9	<47.4	47.4~57.4	57.5~64.9	65~67.5	≥67.6
168~168.9	<48.0	48~58.1	58.2~65.6	65.7~68.2	≥68.3
169~169.9	<48.7	48.7~58.8	58.9~66.4	66.5~69.1	≥69.2
170~170.9	<49.4	49.4~59.5	59.6~67.1	67.2~69.8	≥69.9
171~171.9	<50.0	50~60.2	60.3~68	68.1~70.7	≥70.8
172~172.9	<50.6	50.6~60.8	60.9~69	69.1~71.8	≥71.9
173~173.9	<51.2	51.2~61.5	61.6~69.9	70~72.8	≥72.9
174~174.9	<51.9	51.9~62.3	62.4~70.9	71~73.9	≥74.0
175~175.9	<52.7	52.7~63.1	63.2~71.8	71.9~74.8	≥74.9
176~176.9	<53.3	53.3~63.8	63.9~72.8	72.9~75.9	≥76.0
177~177.9	<54.0	54~64.6	64.7~73.9	74~77.1	≥77.2
178~178.9	<54.7	54.7~65.4	65.5~74.8	74.9~78.1	≥78.2
179~179.9	<55.8	55.8~66.2	66.3~75.8	75.9~79.1	≥79.2
180~180.9	<56.3	56.3~66.9	67~76.7	76.8~80.1	≥80.2
181~181.9	<56.9	56.9~67.7	67.8~77.7	77.8~81.2	≥81.3
182~182.9	<57.5	57.5~68.4	68.5~78.6	78.7~82.1	≥82.2
183~183.9	<58.1	58.1~69.1	69.2~79.4	79.5~83	≥83.1
184~184.9	<58.7	58.7~69.8	69.9~80.4	80.5~84.1	≥84.2
185~185.9	<59.5	59.5~70.5	70.6~81.3	81.4~85	≥85.1
186~186.9	<60.3	60.3~71.3	71.4~82.3	82.4~86.1	≥86.2

注：身高低于表中所列出的最低身高段的下限值时，身高每低 1 厘米，实测体重需加上 0.5 千克，实测身高需加上 1 厘米，再查表确定分值。身高高于表中所列出的最高身高段时，身高每高 1 厘米，其实测体重需减去 0.9 千克，实测身高需减去 1 厘米，再查表确定分值。

初中一年级至三年级女生身高标准体重（体重单位：千克）

身高段（厘米）	营养不良	较低体重	正常体重	超 重	肥胖
	50 分	60 分	100 分	60 分	50 分
121～121.9	<19.8	19.8～25.4	25.5～30.9	31～32.6	≥32.7
122～122.9	<20.3	20.3～25.9	26～31.7	31.8～33.7	≥33.8
123～123.9	<20.6	20.6～26.5	26.6～32.5	32.6～34.5	≥34.6
124～124.9	<21.1	21.1～27	27.1～33.1	33.2～35.2	≥35.3
125～125.9	<21.6	21.6～27.5	27.6～33.6	33.7～35.7	≥35.8
126～126.9	<22.1	22.1～28	28.1～34.4	34.5～36.4	≥36.5
127～127.9	<22.6	22.6～28.5	28.6～35	35.1～37.1	≥37.2
128～128.9	<23.0	23～29	29.1～35.4	35.5～37.6	≥37.7
129～129.9	<23.5	23.5～29.6	29.7～36.2	36.3～38.4	≥38.5
130～130.9	<23.9	23.9～30.1	30.2～36.8	36.9～39.1	≥39.2
131～131.9	<24.4	24.4～30.6	30.7～37.5	37.6～39.8	≥39.9
132～132.9	<24.9	24.9～31.1	31.2～38.1	38.2～40.3	≥40.4
133～133.9	<25.3	25.3～31.6	31.7～38.7	38.8～41	≥41.1
134～134.9	<25.6	25.6～32.1	32.2～39.2	39.3～41.5	≥41.6
135～135.9	<26.2	26.2～32.7	32.8～39.7	39.8～42.1	≥42.2
136～136.9	<27.3	27.3～33.2	33.3～40.4	40.5～42.8	≥42.9
137～137.9	<27.4	27.4～33.6	33.7～40.7	40.8～43.2	≥43.3
138～138.9	<27.7	27.7～34.1	34.2～41.5	41.6～43.7	≥43.8
139～139.9	<28.1	28.1～34.6	34.7～41.9	42～44.4	≥44.5
140～140.9	<28.6	28.6～35.2	35.3～42.5	42.6～45	≥45.1
141～141.9	<29.1	29.1～35.8	35.9～43.1	43.2～45.6	≥45.7
142～142.9	<29.6	29.6～36.4	36.5～43.9	44～46.4	≥46.5
143～143.9	<30.2	30.2～37	37.1～44.4	44.5～46.8	≥46.9
144～144.9	<30.8	30.8～37.7	37.8～45	45.1～47.5	≥47.6
145～145.9	<31.5	31.5～38.3	38.4～45.7	45.8～48.1	≥48.2
146～146.9	<32.1	32.1～38.9	39～46.2	46.3～48.7	≥48.8

续 表

身高段（厘米）	营养不良	较低体重	正常体重	超 重	肥胖
	50 分	60 分	100 分	60 分	50 分
147 ~ 147.9	<32.7	32.7 ~ 39.6	39.7 ~ 47.1	47.2 ~ 49.6	≥49.7
148 ~ 148.9	<33.3	33.3 ~ 40.3	40.4 ~ 47.9	48 ~ 50.3	≥50.4
149 ~ 149.9	<33.8	33.8 ~ 40.9	41 ~ 48.5	48.6 ~ 50.9	≥51.0
150 ~ 150.9	<34.3	34.3 ~ 41.4	41.5 ~ 49	49.1 ~ 51.6	≥51.7
151 ~ 151.9	<34.9	34.9 ~ 42	42.1 ~ 49.6	49.7 ~ 52.2	≥52.3
152 ~ 152.9	<35.5	35.5 ~ 42.6	42.7 ~ 50.3	50.4 ~ 52.8	≥52.9
153 ~ 153.9	<36.1	36.1 ~ 43.2	43.3 ~ 51	51.1 ~ 53.6	≥53.7
154 ~ 154.9	<36.6	36.6 ~ 43.7	43.8 ~ 51.6	51.7 ~ 54.1	≥54.2
155 ~ 155.9	<37.3	37.3 ~ 44.5	44.6 ~ 52.3	52.4 ~ 54.9	≥55.0
156 ~ 156.9	<37.8	37.8 ~ 45	45.1 ~ 52.9	53 ~ 55.4	≥55.5
157 ~ 157.9	<38.3	38.3 ~ 45.5	45.6 ~ 53.5	53.6 ~ 56.1	≥56.2
158 ~ 158.9	<38.7	38.7 ~ 46.1	46.2 ~ 54.2	54.3 ~ 56.9	≥57.0
159 ~ 159.9	<39.3	39.3 ~ 46.7	46.8 ~ 54.9	55 ~ 57.5	≥57.6
160 ~ 160.9	<39.8	39.8 ~ 47.2	47.3 ~ 55.7	55.8 ~ 58.2	≥58.3
161 ~ 161.9	<40.4	40.4 ~ 47.9	48 ~ 56.2	56.3 ~ 58.9	≥59.0
162 ~ 162.9	<41.0	41 ~ 48.5	48.6 ~ 56.9	57 ~ 59.7	≥59.8
163 ~ 163.9	<41.7	41.7 ~ 49.2	49.3 ~ 57.7	57.8 ~ 60.6	≥60.7
164 ~ 164.9	<42.2	42.2 ~ 49.8	49.9 ~ 58.6	58.7 ~ 61.6	≥61.7
165 ~ 165.9	<42.7	42.7 ~ 50.4	50.5 ~ 59.2	59.3 ~ 62.2	≥62.3
166 ~ 166.9	<43.3	43.3 ~ 51	51.1 ~ 59.8	59.9 ~ 62.8	≥62.9
167 ~ 167.9	<43.8	43.8 ~ 51.5	51.6 ~ 60.4	60.5 ~ 63.3	≥63.4
168 ~ 168.9	<44.5	44.5 ~ 52.2	52.3 ~ 61.1	61.2 ~ 64	≥64.1
169 ~ 169.9	<45.1	45.1 ~ 52.9	53 ~ 61.7	61.8 ~ 64.7	≥64.8
170 ~ 170.9	<45.6	45.6 ~ 53.5	53.6 ~ 62.3	62.4 ~ 65.3	≥65.4
171 ~ 171.9	<46.1	46.1 ~ 54	54.1 ~ 63	63.1 ~ 66	≥66.1
172 ~ 172.9	<46.5	46.5 ~ 54.5	54.6 ~ 63.6	63.7 ~ 66.5	≥66.6

续 表

身高段（厘米）	营养不良	较低体重	正常体重	超 重	肥胖
	50 分	60 分	100 分	60 分	50 分
173～173.9	<47.0	47～55	55.1～64.2	64.3～67.2	≥67.3
174～174.9	<47.6	47.6～55.6	55.7～64.8	64.9～67.8	≥67.9
175～175.9	<48.2	48.2～56.3	56.4～65.7	65.8～68.7	≥68.8
176～176.9	<48.7	48.7～57	57.1～66.5	66.6～69.6	≥69.7
177～177.9	<49.2	49.2～57.8	57.9～67.4	67.5～70.6	≥70.7
注：身高低于表中所列出的最低身高段的下限值时，身高每低 1 厘米，实测体重需加上 0.5 千克，实测身高需加上 1 厘米，再查表确定分值。身高高于表中所列出的最高身高段时，身高每高 1 厘米，其实测体重需减去 0.9 千克，实测身高需减去 1 厘米，再查表确定分值。					

初中一年级男生各项运动评分标准

等级	单项得分	肺活量体重指数	1000 米（分.秒）	台阶试验	50 米跑（秒）	立定跳远（米）	掷实心球（米）	握力体重指数	引体向上（次）	坐位体前屈（厘米）	跳绳（次/分）	篮球运球（秒）	足球运球（秒）	排球垫球（次）
优秀	100	80	3′48″	67	7.2	2.29	10.8	80	20	15.2	170	9.8	8.1	35
	98	79	3′50″	66	7.3	2.28	10.3	79	19	14.9	165	10.2	8.3	34
	96	78	3′52″	65	7.4	2.26	9.6	78	18	14.4	158	10.8	8.7	33
	94	76	3′54″	64	7.5	2.25	8.9	77	17	13.9	150	11.5	9.1	32
	92	75	3′57″	63	7.6	2.22	8	75	16	13.2	140	12.3	9.5	30
	90	73	4′0″	62	7.7	2.2	7.1	73	15	12.5	130	13.2	10	28
良好	87	71	4′06″	61	7.9	2.17	6.9	72	14	11.8	126	13.6	10.3	27
	84	69	4′12″	59	8.1	2.12	6.5	69	13	10.7	121	14.1	10.7	25
	81	67	4′18″	58	8.4	2.08	6.2	67	12	9.6	115	14.7	11.1	24
	78	64	4′24″	55	8.8	2.02	5.8	63	11	8.1	108	15.5	11.7	21
	75	61	4′30″	53	9.1	1.95	5.3	60	10	6.6	100	16.2	12.2	19

续 表

等级	单项得分	肺活量体重指数	1000米（分.秒）	台阶试验	50米跑（秒）	立定跳远（米）	掷实心球（米）	握力体重指数	引体向上（次）	坐位体前屈(厘米)	跳绳（次/分）	篮球运球（秒）	足球运球（秒）	排球垫球（次）
及格	72	59	4′34″	52	9.2	1.92	5.1	58	9	5.7	94	16.8	12.5	18
	69	57	4′38″	51	9.3	1.87	4.8	55	8	4.4	86	17.8	13	16
	66	54	4′42″	50	9.4	1.81	4.5	52	7	3.1	78	18.7	13.5	14
	63	50	4′46″	48	9.5	1.74	4.1	48	6	1.3	66	20	14.1	12
	60	47	4′50″	46	9.6	1.67	3.7	44	5	−0.5	55	21.2	14.7	9
不及格	50	46	5′0″	45	9.7	1.65	3.6	43	3	−1.1	51	22	15	8
	40	44	5′10″	44	9.8	1.63	3.4	41	2	−2.1	44	23.3	15.5	7
	30	43	5′20″	43	9.9	1.6	3.2	40	1	−3.1	38	24.5	16	6
	20	41	5′30″	42	10	1.56	3	38		−4.4	29	26.2	16.7	5
	10	38	5′40″	40	10.1	1.52	2.8	36		−5.7	20	27.8	17.3	3

初中一年级女生各项运动评分标准

等级	单项得分	肺活量体重指数	1000米（分.秒）	台阶试验	50米跑（秒）	立定跳远（米）	掷实心球（米）	握力体重指数	引体向上（次）	坐位体前屈(厘米)	跳绳（次/分）	篮球运球（秒）	足球运球（秒）	排球垫球（次）
优秀	100	71	3′25″	66	8.1	1.95	7	67	50	17.5	168	12.4	8.5	30
	98	70	3′28″	65	8.2	1.94	6.9	66	49	17.2	163	12.7	9	29
	96	69	3′31″	64	8.3	1.92	6.7	65	48	16.7	156	13.2	9.8	28
	94	68	3′34″	63	8.4	1.91	6.5	64	47	16.3	148	13.8	10.6	27
	92	66	3′37″	62	8.5	1.88	6.3	62	45	15.6	138	14.5	11.7	25
	90	65	3′40″	60	8.6	1.86	6	61	43	15	128	15.2	12.7	23
良好	87	64	3′43″	59	8.7	1.84	5.9	60	42	14.2	124	15.9	13.1	22
	84	61	3′46″	57	8.8	1.8	5.8	58	41	13	117	17	13.7	21
	81	59	3′49″	55	8.9	1.77	5.6	55	39	11.9	111	18.1	14.4	19
	78	56	3′52″	52	9.1	1.72	5.4	53	37	10.3	103	19.6	15.2	17
	75	54	3′55″	49	9.2	1.67	5.2	50	35	8.7	94	21	16.1	15

续　表

等级	单项得分	肺活量体重指数	1000米（分.秒）	台阶试验	50米跑（秒）	立定跳远（米）	掷实心球（米）	握力体重指数	引体向上（次）	坐位体前屈（厘米）	跳绳（次/分）	篮球运球（秒）	足球运球（秒）	排球垫球（次）
及格	72	52	4′00″	48	9.3	1.64	5.1	48	34	7.8	89	21.8	16.8	14
	69	49	4′05″	47	9.4	1.59	4.9	46	32	6.4	81	23	17.9	13
	66	47	4′10″	46	9.5	1.55	4.7	44	29	5	74	24.3	19	12
	63	43	4′15″	44	9.7	1.48	4.5	41	27	3.1	63	25.9	20.5	11
	60	40	4′20″	42	9.8	1.42	4.2	37	24	1.2	53	27.5	22	9
不及格	50	39	4′30″	41	9.9	1.4	4	36	23	0.6	49	28.2	22.4	8
	40	37	4′45″	40	10.1	1.38	3.6	35	21	−0.2	43	29.2	23.1	7
	30	36	5′00″	38	10.3	1.35	3.3	34	20	−1	38	30.3	23.7	6
	20	34	5′15″	37	10.6	1.32	2.9	32	18	−2.2	30	31.6	24.6	5
	10	32	5′30″	35	10.8	1.28	2.4	30	16	−3.3	22	33	25.5	3

初中二年级男生各项运动评分标准

等级	单项得分	肺活量体重指数	1000米（分.秒）	台阶试验	50米跑（秒）	立定跳远（米）	掷实心球（米）	握力体重指数	引体向上（次）	坐位体前屈（厘米）	跳绳（次/分）	篮球运球（秒）	足球运球（秒）	排球垫球（次）
优秀	100	80	3′48″	68	7	2.41	11.3	86	21	17.3	175	9.6	7.8	40
	98	79	3′50″	67	7.1	2.4	10.9	85	20	16.9	170	10	8	39
	96	78	3′52″	66	7.2	2.38	10.4	84	19	16.4	163	10.6	8.4	37
	94	77	3′54″	65	7.3	2.36	9.8	83	18	15.9	155	11.3	8.8	35
	92	75	3′57″	64	7.4	2.34	9	81	17	15.1	145	12.1	9.2	33
	90	74	4′00″	62	7.5	2.31	8.3	79	16	14.4	135	13	9.7	30
良好	87	72	4′06″	61	7.6	2.28	8	77	15	13.6	131	13.4	10	29
	84	70	4′12″	59	7.9	2.24	7.7	75	14	12.4	126	13.9	10.4	27
	81	68	4′18″	57	8.1	2.2	7.3	72	13	11.3	120	14.5	10.8	25
	78	65	4′24″	54	8.3	2.14	6.8	68	12	9.7	113	15.3	11.4	23
	75	63	4′30″	52	8.6	2.08	6.4	65	11	8.1	105	16	11.9	20

续 表

等级	单项得分	肺活量体重指数	1000米(分.秒)	台阶试验	50米跑(秒)	立定跳远(米)	掷实心球(米)	握力体重指数	引体向上(次)	坐位体前屈(厘米)	跳绳(次/分)	篮球运球(秒)	足球运球(秒)	排球垫球(次)
及格	72	61	4′34″	51	8.7	2.05	6.1	63	10	7.1	99	16.6	12.2	19
	69	58	4′38″	50	8.8	1.99	5.7	60	9	5.6	91	17.6	12.7	17
	66	55	4′42″	49	8.9	1.94	5.3	56	8	4.1	83	18.5	13.2	15
	63	52	4′46″	47	9.1	1.86	4.8	52	7	2.1	71	19.8	13.8	12
	60	48	4′50″	46	9.2	1.79	4.2	48	6	0.1	60	21	14.4	9
不及格	50	47	5′0″	45	9.3	1.77	4.1	47	4	-0.6	56	21.8	14.7	8
	40	45	5′10″	44	9.4	1.74	3.8	45	3	-1.7	49	23.1	15.2	7
	30	44	5′20″	43	9.5	1.71	3.6	44	2	-2.8	43	24.3	15.7	6
	20	42	5′30″	42	9.6	1.66	3.2	42	1	-4.3	34	26	16.4	5
	10	40	5′40″	40	9.7	1.62	2.9	39		-5.8	25	27.6	17	3

初中二年级女生各项运动评分标准

等级	单项得分	肺活量体重指数	1000米(分.秒)	台阶试验	50米跑(秒)	立定跳远(米)	掷实心球(米)	握力体重指数	引体向上(次)	坐位体前屈(厘米)	跳绳(次/分)	篮球运球(秒)	足球运球(秒)	排球垫球(次)
优秀	100	69	3′25″	66	8	1.98	7.6	70	50	18.6	170	12.2	8.3	35
	98	68	3′29″	65	8.1	1.97	7.5	69	49	18.2	165	12.5	8.8	34
	96	67	3′31″	64	8.2	1.95	7.4	68	48	17.7	158	13	9.6	32
	94	66	3′34″	63	8.3	1.93	7.3	66	47	17.2	150	13.6	10.4	30
	92	65	3′37″	62	8.4	1.91	7.2	64	45	16.6	140	14.3	11.5	28
	90	63	3′40″	60	8.5	1.89	7	62	43	15.9	130	15	12.5	25
良好	87	62	3′44″	59	8.6	1.87	6.9	61	42	15.1	126	15.7	12.9	24
	84	60	3′48″	57	8.7	1.83	6.6	59	41	13.9	120	16.8	13.5	22
	81	59	3′52″	54	8.8	1.79	6.4	57	40	12.7	115	17.9	14.2	21
	78	56	3′56″	52	8.9	1.74	6.1	54	38	11.1	107	19.4	15	18
	75	54	4′00″	49	9	1.7	5.8	51	36	9.4	99	20.8	15.9	16

续 表

等级	单项得分	肺活量体重指数	1000米(分.秒)	台阶试验	50米跑(秒)	立定跳远(米)	掷实心球(米)	握力体重指数	引体向上(次)	坐位体前屈(厘米)	跳绳(次/分)	篮球运球(秒)	足球运球(秒)	排球垫球(次)
及格	72	52	4′08″	48	9.1	1.67	5.7	49	35	8.5	94	21.6	16.6	15
	69	50	4′16″	47	9.2	1.62	5.4	47	33	7	85	22.8	17.7	14
	66	47	4′22″	45	9.3	1.58	5.2	44	30	5.5	77	24.1	18.8	13
	63	43	4′28″	44	9.5	1.52	4.9	41	28	3.6	66	25.7	20.3	11
	60	40	4′34″	42	9.6	1.46	4.6	38	25	1.6	55	27.3	21.8	9
不及格	50	39	4′40″	41	9.7	1.45	4.4	37	24	1	51	28	22.2	8
	40	37	4′46″	40	9.9	1.42	4.2	36	22	0.1	45	29	22.9	7
	30	36	4′52″	39	10.1	1.39	3.9	35	21	−0.8	39	30.1	23.5	6
	20	34	4′58″	37	10.4	1.36	3.6	33	19	−2	31	31.4	24.4	5
	10	32	5′04″	36	10.6	1.32	3.2	31	17	−3.2	23	32.8	25.3	3

初中三年级男生各项运动评分标准

等级	单项得分	肺活量体重指数	1000米(分.秒)	台阶试验	50米跑(秒)	立定跳远(米)	掷实心球(米)	握力体重指数	引体向上(次)	坐位体前屈(厘米)	跳绳(次/分)	篮球运球(秒)	足球运球(秒)	排球垫球(次)
优秀	100	81	3′30″	68	6.8	2.5	12.4	90	22	19.2	180	9.4	7.5	40
	98	80	3′36″	67	6.9	2.49	12.1	89	21	18.8	175	9.8	7.7	39
	96	79	3′38″	66	7	2.47	11.5	87	20	18.2	168	10.4	8.1	37
	94	78	3′42″	65	7.1	2.46	11	86	19	17.6	160	11.1	8.5	35
	92	77	3′46″	64	7.2	2.43	10.3	84	18	16.9	150	11.9	8.9	33
	90	76	3′50″	62	7.3	2.41	9.6	83	17	16.1	140	12.8	9.4	30
良好	87	74	3′54″	61	7.4	2.38	9.4	81	16	15.3	136	13.2	9.7	29
	84	72	3′58″	59	7.6	2.35	9	78	15	14.1	130	13.7	10.1	27
	81	70	4′02″	58	7.8	2.31	8.6	76	14	12.8	124	14.3	10.5	25
	78	67	4′06″	55	8	2.26	8.2	72	13	11.2	116	15.1	11.1	23
	75	65	4′10″	53	8.2	2.21	7.7	69	12	9.5	108	15.8	11.6	20

续 表

等级	单项得分	肺活量体重指数	1000米(分.秒)	台阶试验	50米跑(秒)	立定跳远(米)	掷实心球(米)	握力体重指数	引体向上(次)	坐位体前屈(厘米)	跳绳(次/分)	篮球运球(秒)	足球运球(秒)	排球垫球(次)
及格	72	63	4′15″	52	8.3	2.17	7.4	66	11	8.5	103	16.4	11.9	19
	69	60	4′20″	51	8.4	2.12	6.9	63	10	6.9	94	17.4	12.4	17
	66	57	4′25″	50	8.5	2.07	6.5	60	9	5.4	86	18.3	12.9	15
	63	54	4′30″	48	8.7	2	5.9	56	8	3.3	75	19.6	13.5	12
	60	50	4′35″	46	8.8	1.93	5.3	52	7	1.2	64	20.8	14.1	9
不及格	50	49	4′45″	45	8.9	1.91	5	51	5	0.5	60	21.6	14.5	8
	40	48	4′55″	44	9	1.87	4.6	49	4	−0.5	53	22.9	15	7
	30	46	5′05″	43	9.1	1.83	4.2	48	3	−1.5	46	24.1	15.5	6
	20	44	5′15″	42	9.2	1.78	3.6	46	2	−2.8	37	25.8	16.2	5
	10	42	5′25″	40	9.3	1.73	3	43	1	−4.1	28	27.4	16.9	3

初中三年级女生各项运动评分标准

等级	单项得分	肺活量体重指数	1000米(分.秒)	台阶试验	50米跑(秒)	立定跳远(米)	掷实心球(米)	握力体重指数	引体向上(次)	坐位体前屈(厘米)	跳绳(次/分)	篮球运球(秒)	足球运球(秒)	排球垫球(次)
优秀	100	68	3′24″	66	7.9	1.99	7.8	69	50	19.3	172	12	8.1	35
	98	67	3′27″	65	8	1.98	7.7	68	49	19	167	12.3	8.6	34
	96	66	3′29″	64	8.1	1.96	7.6	67	48	18.5	160	12.8	9.4	32
	94	65	3′32″	63	8.2	1.95	7.5	66	47	18	153	13.4	10.2	30
	92	64	3′35″	62	8.3	1.93	7.4	65	46	17.3	143	14.1	11.3	28
	90	63	3′38″	60	8.4	1.91	7.2	63	44	16.7	133	14.8	12.3	25
良好	87	62	3′42″	59	8.5	1.89	7.1	62	43	15.9	129	15.5	12.7	24
	84	60	3′46″	57	8.6	1.85	7	59	42	14.7	123	16.6	13.3	22
	81	58	3′50″	54	8.7	1.82	6.9	57	40	13.5	117	17.7	14	21
	78	56	3′54″	52	8.8	1.77	6.8	54	38	11.8	109	19.2	14.8	18
	75	54	3′58″	49	8.9	1.73	6.6	52	36	10.2	101	20.6	15.7	16

续 表

等级	单项得分	肺活量体重指数	1000米(分.秒)	台阶试验	50米跑(秒)	立定跳远(米)	掷实心球(米)	握力体重指数	引体向上(次)	坐位体前屈(厘米)	跳绳(次/分)	篮球运球(秒)	足球运球(秒)	排球垫球(次)
及格	72	52	4′03″	48	9	1.7	6.5	50	35	9.2	96	21.4	16.4	15
	69	50	4′08″	47	9.1	1.65	6.4	48	33	7.7	88	22.6	17.5	14
	66	47	4′13″	45	9.2	1.61	6.3	45	30	6.2	80	23.9	18.6	13
	63	43	4′18″	44	9.4	1.55	6.2	42	28	4.2	69	25.5	20.1	11
	60	40	4′23″	42	9.5	1.49	6	39	25	2.2	58	27.1	21.6	9
不及格	50	39	4′30″	41	9.6	1.47	5.8	38	24	1.6	54	27.8	22	8
	40	38	4′37″	40	9.8	1.44	5.4	37	23	0.8	48	28.8	22.7	7
	30	36	4′44″	39	10	1.41	5	36	21	-0.1	42	29.9	23.3	6
	20	34	4′51″	38	10.3	1.37	4.5	34	20	-1.3	33	31.2	24.2	5
	10	33	5′00″	37	10.5	1.33	4	33	18	-2.4	25	32.6	25.1	3

高中一年级至三年级男生身高标准体重（体重单位：千克）

身高段（厘米）	营养不良	较低体重	正常体重	超 重	肥胖
	50分	60分	100分	60分	50分
140~140.9	<32.1	32.1~40.3	40.4~46.3	46.4~48.3	≥48.4
141~141.9	<32.4	32.4~40.7	40.8~47	47.1~49.1	≥49.2
142~142.9	<32.8	32.8~41.2	41.3~47.7	47.8~49.8	≥49.9
143~143.9	<33.3	33.3~41.7	41.8~48.2	48.3~50.3	≥50.4
144~144.9	<33.6	33.6~42.2	42.3~48.8	48.9~51	≥51.1
145~145.9	<34.0	34~42.7	42.8~49.5	49.6~51.7	≥51.8
146~146.9	<34.4	34.4~43.3	43.4~50.1	50.2~52.3	≥52.4
147~147.9	<35.0	35~43.9	44~50.8	50.9~53.1	≥53.2
148~148.9	<35.6	35.6~44.5	44.6~51.4	51.5~53.7	≥53.8

续 表

身高段（厘米）	营养不良	较低体重	正常体重	超 重	肥胖
	50 分	60 分	100 分	60 分	50 分
149～149.9	<36.2	36.2～45.1	45.2～52.2	52.3～54.5	≥54.6
150～150.9	<36.7	36.7～45.7	45.8～52.8	52.9～55.1	≥55.2
151～151.9	<37.3	37.3～46.2	46.3～53.4	53.5～55.8	≥55.9
152～152.9	<37.7	37.7～46.8	46.9～54	54.1～56.4	≥56.5
153～153.9	<38.2	38.2～47.4	47.5～54.6	54.7～57	≥57.1
154～154.9	<38.9	38.9～48.1	48.2～55.3	55.4～57.7	≥57.8
155～155.9	<39.6	39.6～48.8	48.9～56	56.1～58.4	≥58.5
156～156.9	<40.4	40.4～49.6	49.7～57	57.1～59.4	≥59.5
157～157.9	<41.0	41～50.3	50.4～57.7	57.8～60.1	≥60.2
158～158.9	<41.7	41.7～51	51.1～58.5	58.6～61	≥61.1
159～159.9	<42.4	42.4～51.7	51.8～59.2	59.3～61.7	≥61.8
160～160.9	<43.1	43.1～52.5	52.6～60	60.1～62.5	≥62.6
161～161.9	<43.8	43.8～53.3	53.4～60.8	60.9～63.3	≥63.4
162～162.9	<44.5	44.5～54	54.1～61.5	61.6～64	≥64.1
163～163.9	<45.3	45.3～54.8	54.9～62.5	62.6～65	≥65.1
164～164.9	<45.9	45.9～55.5	55.6～63.2	63.3～65.7	≥65.8
165～165.9	<46.5	46.5～56.3	56.4～64	64.1～66.5	≥66.6
166～166.9	<47.1	47.1～57	57.1～64.7	64.8～67.2	≥67.3
167～167.9	<48.0	48～57.8	57.9～65.6	65.7～68.2	≥68.3
168～168.9	<48.7	48.7～58.5	58.6～66.3	66.4～68.9	≥69.0
169～169.9	<49.3	49.3～59.2	59.3～67	67.1～69.6	≥69.7
170～170.9	<50.1	50.1～60	60.1～67.8	67.9～70.4	≥70.5
171～171.9	<50.7	50.7～60.6	60.7～68.8	68.9～71.2	≥71.3
172～172.9	<51.4	51.4～61.5	61.6～69.5	69.6～72.1	≥72.2
173～173.9	<52.1	52.1～62.2	62.3～70.3	70.4～73	≥73.1
174～174.9	<52.9	52.9～63	63.1～71.3	71.4～74	≥74.1

续 表

身高段（厘米）	营养不良	较低体重	正常体重	超 重	肥胖
	50 分	60 分	100 分	60 分	50 分
175 ~ 175.9	<53.7	53.7 ~ 63.8	63.9 ~ 72.2	72.3 ~ 75	≥75.1
176 ~ 176.9	<54.4	54.4 ~ 64.5	64.6 ~ 73.1	73.2 ~ 75.9	≥76.0
177 ~ 177.9	<55.2	55.2 ~ 65.2	65.3 ~ 73.9	74 ~ 76.8	≥76.9
178 ~ 178.9	<55.7	55.7 ~ 66	66.1 ~ 74.9	75 ~ 77.8	≥77.9
179 ~ 179.9	<56.4	56.4 ~ 66.7	66.8 ~ 75.7	75.8 ~ 78.7	≥78.8
180 ~ 180.9	<57.1	57.1 ~ 67.4	67.5 ~ 76.4	76.5 ~ 79.4	≥79.5
181 ~ 181.9	<57.7	57.7 ~ 68.1	68.2 ~ 77.4	77.5 ~ 80.6	≥80.7
182 ~ 182.9	<58.5	58.5 ~ 68.9	69 ~ 78.5	78.6 ~ 81.7	≥81.8
183 ~ 183.9	<59.2	59.2 ~ 69.6	69.7 ~ 79.4	79.5 ~ 82.6	≥82.7
184 ~ 184.9	<60.0	60 ~ 70.4	70.5 ~ 80.3	80.4 ~ 83.6	≥83.7
185 ~ 185.9	<60.8	60.8 ~ 71.2	71.3 ~ 81.3	81.4 ~ 84.6	≥84.7
186 ~ 186.9	<61.5	61.5 ~ 72	72.1 ~ 82.2	82.3 ~ 85.6	≥85.7
187 ~ 187.9	<62.3	62.3 ~ 72.9	73 ~ 83.3	83.4 ~ 86.7	≥86.8
188 ~ 188.9	<63.0	63 ~ 73.7	73.8 ~ 84.2	84.3 ~ 87.7	≥87.8
189 ~ 189.9	<63.9	63.9 ~ 74.5	74.6 ~ 85	85.1 ~ 88.5	≥88.6
190 ~ 190.9	<64.6	64.6 ~ 75.4	75.5 ~ 86.2	86.3 ~ 89.8	≥89.9

注：身高低于表中所列出的最低身高段的下限值时，身高每低 1 厘米，实测体重需加上 0.5 千克，实测身高需加上 1 厘米，再查表确定分值。身高高于表中所列出的最高身高段时，身高每高 1 厘米，其实测体重需减去 0.9 千克，实测身高需减去 1 厘米，再查表确定分值。

高中一年级至三年级女生身高标准体重（体重单位：千克）

身高段（厘米）	营养不良	较低体重	正常体重	超 重	肥胖
	50 分	60 分	100 分	60 分	50 分
140 ~ 140.9	<33.8	33.8 ~ 40.3	40.4 ~ 48	48.1 ~ 50.5	≥50.6
141 ~ 141.9	<34.3	34.3 ~ 40.9	41 ~ 48.7	48.8 ~ 51.3	≥51.4
142 ~ 142.9	<34.6	34.6 ~ 41.4	41.5 ~ 49.2	49.3 ~ 51.8	≥51.9

续　表

身高段（厘米）	营养不良	较低体重	正常体重	超 重	肥胖
	50 分	60 分	100 分	60 分	50 分
143～143.9	<35.0	35～41.8	41.9～49.9	50～52.6	≥52.7
144～144.9	<35.3	35.3～42.2	42.3～50.3	50.4～53	≥53.1
145～145.9	<35.6	35.6～42.7	42.8～51	51.1～53.7	≥53.8
146～146.9	<36.1	36.1～43.2	43.3～51.6	51.7～54.4	≥54.5
147～147.9	<36.7	36.7～43.8	43.9～52.4	52.5～55.2	≥55.3
148～148.9	<37.0	37～44.3	44.4～52.9	53～55.7	≥55.8
149～149.9	<37.4	37.4～44.8	44.9～53.4	53.5～56.2	≥56.3
150～150.9	<37.9	37.9～45.3	45.4～54	54.1～56.9	≥57.0
151～151.9	<38.4	38.4～45.8	45.9～54.5	54.6～57.4	≥57.5
152～152.9	<38.9	38.9～46.3	46.4～55.2	55.3～57.9	≥58.0
153～153.9	<39.4	39.4～46.8	46.9～55.7	55.8～58.6	≥58.7
154～154.9	<40.0	40～47.4	47.5～56.4	56.5～59.4	≥59.5
155～155.9	<40.5	40.5～47.9	48～56.9	57～59.9	≥60.0
156～156.9	<41.1	41.1～48.5	48.6～57.5	57.6～60.5	≥60.6
157～157.9	<41.6	41.6～49.1	49.2～58.1	58.2～61.1	≥61.2
158～158.9	<42.0	42～49.6	49.7～58.8	58.9～61.8	≥61.9
159～159.9	<42.5	42.5～50.2	50.3～59.5	59.6～62.6	≥62.7
160～160.9	<43.0	43～50.7	50.8～60	60.1～63.1	≥63.2
161～161.9	<43.5	43.5～51.2	51.3～60.7	60.8～63.8	≥63.9
162～162.9	<44.0	44～51.7	51.8～61.2	61.3～64.3	≥64.4
163～163.9	<44.4	44.4～52.2	52.3～61.8	61.9～65	≥65.1
164～164.9	<44.8	44.8～52.7	52.8～62.3	62.4～65.5	≥65.6
165～165.9	<45.2	45.2～53.1	53.2～62.7	62.8～65.9	≥66.0
166～166.9	<45.6	45.6～53.6	53.7～63.4	63.5～66.6	≥66.7
167～167.9	<46.1	46.1～54.1	54.2～64.1	64.2～67.1	≥67.2
168～168.9	<46.6	46.6～54.6	54.7～64.9	65～67.6	≥67.7

续　表

身高段（厘米）	营养不良	较低体重	正常体重	超 重	肥胖
	50 分	60 分	100 分	60 分	50 分
169～169.9	<47.1	47.1～55.2	55.3～65.3	65.4～68.4	≥68.5
170～170.9	<47.6	47.6～55.7	55.8～65.8	65.9～68.9	≥69.0
171～171.9	<48.1	48.1～56.4	56.5～66.3	66.4～69.6	≥69.7
172～172.9	<48.7	48.7～57	57.1～67.1	67.2～70.4	≥70.5
173～173.9	<49.3	49.3～57.6	57.7～67.7	67.8～71	≥71.1
174～174.9	<49.9	49.9～58.2	58.3～68.3	68.4～71.6	≥71.7
175～175.9	<50.5	50.5～58.9	59～69.1	69.2～72.5	≥72.6
176～176.9	<50.9	50.9～59.5	59.6～69.9	70～73.3	≥73.4
177～177.9	<51.6	51.6～60.2	60.3～70.6	70.7～74	≥74.1
178～178.9	<52.1	52.1～60.9	61～71.4	71.5～74.9	≥75.0
179～179.9	<52.6	52.6～61.5	61.6～72	72.1～75.5	≥75.6
180～180.9	<53.3	53.3～62.2	62.3～72.7	72.8～76.2	≥76.3
181～181.9	<53.8	53.8～62.8	62.9～73.3	73.4～76.8	≥76.9
182～182.9	<54.4	54.4～63.4	63.5～73.9	74～77.4	≥77.5
183～183.9	<55.0	55～64	64.1～74.7	74.8～78.2	≥78.3
184～184.9	<55.4	55.4～64.6	64.7～75.3	75.4～78.8	≥78.9
185～185.9	<55.8	55.8～65.3	65.4～76.1	76.2～79.7	≥79.8

注：身高低于表中所列出的最低身高段的下限值时，身高每低 1 厘米，实测体重需加上 0.5 千克，实测身高需加上 1 厘米，再查表确定分值。身高高于表中所列出的最高身高段时，身高每高 1 厘米，其实测体重需减去 0.9 千克，实测身高需减去 1 厘米，再查表确定分值。

高中一年级男生各项评分标准

等级	单项得分	肺活量体重指数	1000米（分.秒）	台阶试验	50米跑（秒）	立定跳远（米）	掷实心球（米）	握力体重指数	引体向上（次）	坐位体前屈（厘米）	跳绳（次/分）	篮球运球（秒）	足球运球（秒）	排球垫球（次）
优秀	100	82	3′28″	68	6.6	2.58	13.6	92	23	20.8	185	9.2	7.2	40
	98	81	3′31″	67	6.7	2.57	13.2	91	22	20.4	180	9.6	7.4	39
	96	80	3′34″	66	6.8	2.55	12.6	90	21	19.9	173	10.2	7.8	37
	94	79	3′37″	65	6.9	2.54	12	88	20	19.4	165	10.9	8.2	35
	92	78	3′40″	64	7	2.52	11.2	87	19	18.7	155	11.7	8.6	33
	90	76	3′43″	62	7.1	2.5	10.4	85	18	18	145	12.6	9.1	30
良好	87	75	3′47″	61	7.2	2.47	10.2	83	17	17.1	141	13	9.4	29
	84	73	3′51″	59	7.4	2.44	9.8	81	16	15.8	134	13.5	9.8	27
	81	71	3′56″	58	7.5	2.4	9.4	78	15	14.4	128	14.1	10.2	25
	78	68	4′01″	55	7.7	2.34	8.9	75	14	12.6	119	14.9	10.8	23
	75	66	4′06″	53	7.9	2.29	8.5	71	13	10.8	110	15.6	11.3	20
及格	72	64	4′11″	52	8	2.26	8.2	69	12	9.7	105	16.2	11.6	19
	69	61	4′16″	51	8.1	2.21	7.7	66	11	8	96	17.2	12.1	17
	66	59	4′21″	50	8.2	2.17	7.2	63	10	6.3	88	18.1	12.6	15
	63	55	4′26″	48	8.3	2.1	6.6	59	9	4	77	19.4	13.2	12
	60	52	4′31″	46	8.4	2.04	6	55	8	1.7	66	20.6	13.8	9
不及格	50	51	4′40″	45	8.5	2.02	5.8	54	6	1	62	21.4	14.2	8
	40	49	4′50″	44	8.6	1.99	5.5	52	5	-0.1	55	22.7	14.7	7
	30	48	5′00″	43	8.7	1.96	5.2	50	4	-1.1	48	23.9	15.2	6
	20	45	5′10″	42	8.9	1.92	4.8	48	3	-2.5	39	25.6	15.9	5
	10	43	5′20″	40	9	1.89	4.4	46	2	-3.8	30	27.2	16.6	3

高中一年级女生各项运动评分标准

等级	单项得分	肺活量体重指数	1000米(分.秒)	台阶试验	50米跑(秒)	立定跳远(米)	掷实心球(米)	握力体重指数	引体向上(次)	坐位体前屈(厘米)	跳绳(次/分)	篮球运球(秒)	足球运球(秒)	排球垫球(次)
优秀	100	68	3′24″	68	7.8	2.01	8	70	51	20.3	175	11.8	7.9	35
	98	67	3′27″	67	7.9	2	7.9	69	50	20	170	12.1	8.4	34
	96	66	3′29″	66	8	1.98	7.8	68	49	19.5	163	12.6	9.2	32
	94	65	3′32″	64	8.1	1.97	7.7	67	48	19.1	155	13.2	10	30
	92	64	3′35″	62	8.3	1.95	7.6	65	47	18.4	145	13.9	11.1	28
	90	63	3′38″	60	8.4	1.93	7.4	63	45	17.8	135	14.6	12.1	25
良好	87	62	3′42″	59	8.5	1.91	7.3	62	44	17	131	15.3	12.5	24
	84	60	3′46″	57	8.6	1.87	7.2	60	43	15.7	125	16.4	13.1	22
	81	59	3′50″	54	8.7	1.84	7.1	58	41	14.4	119	17.5	13.8	21
	78	56	3′54″	52	8.8	1.79	7	55	39	12.7	110	19	14.6	18
	75	54	3′58″	49	8.9	1.75	6.8	52	37	11	102	20.4	15.5	16
及格	72	52	4′03″	48	9	1.72	6.7	51	36	10	97	21.2	16.2	15
	69	50	4′08″	47	9.1	1.67	6.6	48	33	8.3	90	22.3	17.3	14
	66	47	4′13″	45	9.2	1.63	6.4	46	31	6.7	82	23.4	18.4	13
	63	44	4′18″	44	9.3	1.57	6.2	43	28	4.5	72	24.9	19.9	11
	60	41	4′23″	42	9.4	1.51	6	40	25	2.3	62	26.4	21.4	9
不及格	50	40	4′30″	41	9.5	1.5	5.8	39	24	1.9	58	27.2	21.8	8
	40	38	4′37″	40	9.7	1.47	5.4	38	23	1.2	51	28.3	22.5	7
	30	37	4′44″	39	9.9	1.45	5	36	21	0.5	45	29.4	23.1	6
	20	35	4′51″	37	10.2	1.41	4.5	35	20	−0.4	37	30.9	24	5
	10	34	5′00″	36	10.4	1.38	4	33	18	−1.4	28	32.4	24.9	3

高中二年级男生各项运动评分标准

等级	单项得分	肺活量体重指数	1000米（分.秒）	台阶试验	50米跑（秒）	立定跳远（米）	掷实心球（米）	握力体重指数	引体向上（次）	坐位体前屈（厘米）	跳绳（次/分）	篮球运球（秒）	足球运球（秒）	排球垫球（次）
优秀	100	83	3′28″	68	6.4	2.61	13.8	93	24	21.5	190	9	6.9	45
	98	82	3′31″	67	6.5	2.6	13.4	92	23	21.1	185	9.4	7.1	44
	96	81	3′33″	66	6.6	2.58	12.8	91	22	20.6	178	10	7.5	41
	94	80	3′35″	65	6.7	2.57	12.2	90	21	20.1	170	10.7	7.9	39
	92	79	3′38″	64	6.8	2.55	11.4	88	20	19.5	160	11.5	8.3	36
	90	77	3′41″	62	6.9	2.53	10.6	86	19	18.8	150	12.4	8.8	33
良好	87	76	3′45″	61	7	2.51	10.4	84	18	17.9	145	12.8	9.1	32
	84	74	3′49″	59	7.2	2.47	10	82	17	16.6	138	13.3	9.5	30
	81	72	4′03″	58	7.3	2.44	9.7	79	16	15.3	131	13.9	9.9	28
	78	69	4′08″	55	7.5	2.39	9.2	76	15	13.5	122	14.7	10.5	25
	75	66	4′13″	53	7.7	2.34	8.7	72	14	11.8	112	15.4	11	22
及格	72	65	4′18″	52	7.8	2.31	8.5	70	13	10.6	107	16	11.3	21
	69	62	4′23″	51	7.9	2.26	8.1	67	12	8.8	98	17	11.8	19
	66	59	4′28″	50	8	2.22	7.7	64	11	7	90	17.9	12.3	17
	63	56	4′33″	48	8.1	2.15	7.2	60	10	4.6	79	19.2	12.9	15
	60	53	4′38″	46	8.2	2.09	6.8	56	9	2.2	68	20.4	13.5	12
不及格	50	51	4′45″	45	8.3	2.07	6.6	55	7	1.5	64	21.2	13.9	11
	40	50	4′51″	44	8.5	2.04	6.3	53	6	0.4	58	22.5	14.4	10
	30	48	4′58″	43	8.6	2.01	6.1	51	5	−0.7	52	23.7	14.9	8
	20	46	5′05″	42	8.8	1.97	5.7	49	4	−2.1	43	25.4	15.6	6
	10	44	5′12″	40	9	1.93	5.4	47	3	−3.5	35	27	16.3	4

高中二年级女生各项运动评分标准

等级	单项得分	肺活量体重指数	1000米（分.秒）	台阶试验	50米跑（秒）	立定跳远（米）	掷实心球（米）	握力体重指数	引体向上（次）	坐位体前屈（厘米）	跳绳（次/分）	篮球运球（秒）	足球运球（秒）	排球垫球（次）
优秀	100	70	3′24″	66	7.6	2.03	8.1	70	52	20.7	178	11.6	7.7	40
	98	69	3′27″	65	7.7	2.02	8	69	51	20.4	173	11.9	8.2	39
	96	68	3′29″	64	7.8	2	7.9	68	50	19.9	166	12.4	9	36
	94	67	3′32″	63	7.9	1.99	7.8	67	49	19.4	158	13	9.8	34
	92	66	3′35″	62	8.1	1.97	7.7	66	47	18.7	148	13.7	10.9	31
	90	64	3′38″	60	8.2	1.95	7.5	64	45	18	138	14.4	11.9	28
良好	87	63	3′42″	59	8.3	1.93	7.4	63	44	17.2	134	15.1	12.3	27
	84	61	3′46″	57	8.4	1.89	7.3	60	43	16	127	16.2	12.9	25
	81	59	3′50″	54	8.5	1.85	7.2	58	41	14.8	120	17.3	13.6	23
	78	57	3′54″	52	8.6	1.8	7.1	55	39	13.2	111	18.8	14.4	21
	75	54	3′58″	49	8.7	1.75	6.9	52	37	11.6	102	20.2	15.3	18
及格	72	52	4′03″	48	8.8	1.73	6.8	51	36	10.5	98	21	16	17
	69	50	4′08″	47	8.9	1.69	6.7	48	34	8.8	91	22.1	17.1	16
	66	47	4′13″	46	9	1.65	6.5	46	32	7.2	84	23.2	18.2	14
	63	44	4′18″	44	9.1	1.6	6.3	43	29	4.9	75	24.7	19.7	12
	60	41	4′23″	42	9.2	1.54	6.1	40	27	2.7	66	26.2	21.2	10
不及格	50	40	4′30″	41	9.3	1.53	5.9	39	26	2.2	62	27	21.6	9
	40	38	4′37″	40	9.5	1.5	5.6	38	24	1.3	55	28.1	22.3	8
	30	37	4′44″	39	9.7	1.47	5.4	37	23	0.5	49	29.2	22.9	7
	20	36	4′51″	38	10	1.44	5	35	21	−0.6	40	30.7	23.8	6
	10	34	5′00″	36	10.2	1.41	4.6	33	19	−1.7	31	32.2	24.7	4

高中三年级男生各项运动评分标准

等级	单项得分	肺活量体重指数	1000米（分.秒）	台阶试验	50米跑（秒）	立定跳远（米）	掷实心球（米）	握力体重指数	引体向上（次）	坐位体前屈(厘米)	跳绳（次/分）	篮球运球（秒）	足球运球（秒）	排球垫球（次）
优秀	100	83	3′27″	74	6.2	2.63	14.2	94	25	22.5	195	8.8	6.6	45
	98	82	3′28″	72	6.3	2.62	13.8	93	24	22.1	190	9.2	6.8	44
	96	81	3′31″	71	6.4	2.6	13.2	92	23	21.6	182	9.8	7.2	41
	94	80	3′33″	69	6.5	2.59	12.6	90	22	21	174	10.5	7.6	39
	92	79	3′35″	66	6.6	2.57	11.8	88	21	20.2	164	11.3	8	36
	90	78	3′39″	64	6.7	2.55	11	87	20	19.5	153	12.2	8.5	33
良好	87	76	3′42″	62	6.8	2.53	10.8	85	19	18.6	148	12.6	8.8	32
	84	74	3′45″	60	7	2.49	10.4	82	18	17.2	140	13.1	9.2	30
	81	72	3′49″	58	7.2	2.45	10.1	80	17	15.8	133	13.7	9.6	28
	78	70	3′53″	56	7.5	2.4	9.6	76	16	13.9	122	14.5	10.2	25
	75	67	3′58″	53	7.7	2.35	9.1	73	15	12.1	112	15.2	10.7	22
及格	72	65	4′05″	52	7.8	2.32	8.9	71	14	10.9	107	15.8	11	21
	69	63	4′12″	51	7.9	2.28	8.4	67	13	9.2	99	16.8	11.5	19
	66	60	4′19″	50	8	2.23	8	64	12	7.4	91	17.7	12	17
	63	57	4′26″	48	8.2	2.17	7.5	60	11	5	81	19	12.6	15
	60	53	4′33″	46	8.3	2.11	6.9	55	10	2.7	70	20.2	13.2	12
不及格	50	52	4′40″	45	8.4	2.1	6.7	54	8	2.1	66	21	13.6	11
	40	51	4′47″	44	8.5	2.07	6.4	52	7	1.2	60	22.3	14.1	10
	30	49	4′54″	43	8.7	2.04	6.1	50	6	0.3	54	23.5	14.6	8
	20	47	5′01″	42	8.8	2.01	5.7	48	5	−1	45	25.2	15.3	6
	10	45	5′08″	40	9	1.97	5.4	46	4	−2.2	37	26.8	16	4

高中三年级女生各项运动评分标准

等级	单项得分	肺活量体重指数	1000米(分.秒)	台阶试验	50米跑(秒)	立定跳远(米)	掷实心球(米)	握力体重指数	引体向上(次)	坐位体前屈(厘米)	跳绳(次/分)	篮球运球(秒)	足球运球(秒)	排球垫球(次)
优秀	100	68	3′24″	70	7.4	2.05	8.2	72	52	21	185	11.4	7.5	40
	98	67	3′27″	69	7.5	2.04	8.1	71	51	20.7	179	11.7	8	39
	96	66	3′29″	67	7.6	2.03	8	70	50	20.1	170	12.2	8.8	36
	94	65	3′32″	65	7.7	2.01	7.9	68	49	19.6	161	12.8	9.6	34
	92	64	3′35″	62	7.9	1.99	7.8	67	47	18.9	148	13.5	10.7	31
	90	63	3′38″	59	8	1.97	7.6	65	45	18.2	136	14.2	11.7	28
良好	87	62	3′42″	58	8.1	1.95	7.5	63	44	17.4	132	14.9	12.1	27
	84	60	3′46″	56	8.2	1.91	7.4	61	43	16.2	125	16	12.7	25
	81	58	3′50″	54	8.3	1.87	7.3	59	41	14.9	119	17.1	13.4	23
	78	56	3′54″	52	8.4	1.82	7.2	56	39	13.3	111	18.6	14.2	21
	75	54	3′58″	49	8.5	1.77	7	53	38	11.7	102	20	15.1	18
及格	72	52	4′03″	48	8.6	1.74	6.9	51	36	10.6	98	20.8	15.8	17
	69	50	4′08″	47	8.7	1.7	6.8	48	35	8.9	92	21.9	16.9	16
	66	48	4′13″	46	8.8	1.67	6.6	46	33	7.2	86	23	18	14
	63	44	4′18″	44	8.9	1.61	6.4	42	30	5	78	24.5	19.5	12
	60	41	4′23″	42	9	1.56	6.2	39	28	2.7	71	26	21	10
不及格	50	40	4′30″	41	9.2	1.54	6	38	27	2.2	66	26.8	21.4	9
	40	39	4′37″	40	9.4	1.52	5.7	37	26	1.5	59	27.9	22.1	8
	30	38	4′44″	39	9.6	1.49	5.5	35	24	0.8	52	29	22.7	7
	20	36	4′51″	38	9.9	1.45	5.1	33	23	-0.2	42	30.5	23.6	6
	10	35	5′00″	36	10.2	1.42	4.7	31	21	-1.2	33	32	24.5	4